手厚い支援を必要としている
子どものための情報パッケージ

ぱれっと（PALETTE）

~子どもが主体となる教育計画と
実践をめざして~

ぱれっと (PALETTE)

P Plan and
A Action tools for
L Living and learning of
E Every child's
T Today and
T Tomorrow through
E Education

はじめに：
情報パッケージ ぱれっと

この「ぱれっと（PALETTE）」は、手厚い支援を必要としている子どもの実態把握、教育目標・内容の設定、また、評価などに関して、教育関係者に役に立つ情報を、パッケージとして提案しています。

ぱれっと（PALETTE）

- **P** — Plan and
- **A** — Action tools for
- **L** — Living and learning of
- **E** — Every child's
- **T** — Today and
- **T** — Tomorrow through
- **E** — Education

(PALETTE)とは❓

　絵を描くときに使うパレットには、子どもたち一人一人が、お気に入りの色を選んで、思い思いの将来の夢を描くツールになる、というイメージがあります。

　フランス語のPALETTEという言葉には「パレットに出した有限の色を複数組み合わせることで、すべての色を作り出すことができる」という意味があるそうです。
　教育領域における「本人中心の計画（person-centered planning）」には難しい課題もありますが、限られた資源や制約のある仕組みの中で、子どもや保護者を含むチームが知恵を絞ってできることを組み合わせることで、子どものニーズに応える色を作りだすことができるのではないでしょうか。

　この名前には、「ぱれっと（PALETTE）」を用いることで、子どもと保護者が思い思いの絵を描き、それを実現するお手伝いができるといいな、という願いが込められています。

目　次

- 002｜はじめに：情報パッケージ ぱれっと（PALETTE）とは？
- 007｜情報パッケージ「ぱれっと（PALETTE）」に登場する4人の子どもたち
- 010｜情報パッケージ「ぱれっと（PALETTE）」解説
  - 010｜1. 教育計画の作成と実施の基本的な考え方
  - 016｜2. 手厚い支援を必要としている子どもの教育の目的とぱれっと（PALETTE）
  - 018｜3. ぱれっと（PALETTE）の活用によって期待されること
  - 023｜4. ぱれっと（PALETTE）の各項目と構成について

情報パッケージ「ぱれっと（PALETTE）」

I 実態把握

手厚い支援を必要としている子どもの実態把握｜026

- 030｜1. 発達検査の活用とその意味
- 036｜2. 一日の生活の流れのアセスメント
- 042｜3. 子どもの生活マップ
- 048｜4. 生活場面におけるコミュニケーション活用の状況
- 052｜5. 表出が小さい・わかりにくい場合の行動観察の観点
- 058｜6. 感覚障害（視覚）がある場合の行動観察の観点
- 064｜7. 感覚障害（聴覚）がある場合の行動観察の観点
- 070｜8. 諸感覚の活用に関するアセスメント
- 074｜9. 環境面のアセスメント
- 080｜10. 子どもの興味関心のアセスメント

II 保護者との連携・専門職との連携

手厚い支援を必要としている子どもの保護者との連携・専門職との連携 | 086

- 088 | 1. 保護者の理解と本人受容の視点
- 092 | 2. 家族のエンパワメント
- 098 | 3. 専門職との連携の視点
- 104 | 4. 医師との連携の視点

III 目標設定と教育内容

手厚い支援を必要としている子どもの目標設定と教育内容 | 108

- 110 | 1. 目標設定の仕方
- 114 | 2. 子ども（家族）が望む未来の実現
- 118 | 3. 自立活動との関連
- 124 | 4. 小・中・高のライフステージを意識した目標設定と教育内容
- 130 | 5. 体調が変動しやすい場合の目標設定と教育内容
- 136 | 6. 反応が読み取りにくい子どもとのコミュニケーションの視点と教育内容
- 140 | 7. 子どもの自己決定の力を育む目標設定と教育内容
- 145 | コラム① 共生社会における障害のある人の自己決定
- 146 | 8. 教科学習の視点と教育内容

Ⅳ 学習活動の展開

手厚い支援を必要としている子どもの学習活動の展開 | 150

- 152 | 1. 一日を通した個別目標への取り組み
- 156 | 2. 個別学習と集団学習の考え方
- 162 | 3. 課題が異なる子どもたちが参加する集団学習活動の組み立て方
- 166 | 4. 交流及び共同学習における活動の展開 ①
- 172 | 5. 交流及び共同学習における活動の展開 ②
- 177 | コラム② インクルーシブ教育システムと教員の専門性
- 178 | 6. 地域資源を活用した学習活動の展開

Ⅴ 評価と計画の見直し

手厚い支援を必要としている子どもの評価と計画の見直し | 182

- 186 | 1. 目標達成が難しい際の振り返りの視点
- 190 | 2. 個別の指導計画の見直し
- 196 | 3. 個別の教育支援計画の見直し
- 200 | 4. 個別の教育支援計画と個別の指導計画の連動

208 | 情報パッケージ「ぱれっと（PALETTE）」を私たちはこのように活用しました

資料 情報パッケージ「ぱれっと（PALETTE）」と
特別支援学校学習指導要領等との関係　　　　　　　　　　　　　210

情報パッケージ「ぱれっと（PALETTE）」に登場する4人の子どもたち

好きな人はお母さん。
医療的ケアが
必要な重度・
重複障害がある。

名前：ショウ

好きな活動はトランポリンなどの揺れ遊び。
視覚障害・知的障害・
肢体不自由がある。

名前：エミリ

好きな食べ物はバナナ。
ハムスターは好きだけど
犬はちょっと苦手。
聴覚障害・
知的障害がある。

名前：メグ

好きな物は電車。
高いところに
上ることが好き。
知的障害・
自閉症がある。

名前：ケンタ

おとなになった 4 人の登場人物の姿

特別支援学校を卒業して 10 年。「ぱれっと」の登場人物である「手厚い支援を必要としている子どもたち」は、おとなになった今、こんな生活をしています。

　ショウさんは生活介護事業所に通っています。体調は安定していて、車で自宅にお迎えに来るスタッフさんに声をかけられると、眠くても、「お出かけだ」というように目を開けます。ハンモックで揺れながらリラックスすることがお気に入りで、スタッフさんが「ハンモック乗りますか？」と声をかけ、ハンモックに敷かれた柔らかい布に触れさせると「乗ります！」というように、目が大きくなります。

　普段は、看護師さんがチューブを通して胃に栄養や水分の注入をしていますが、月に一度、お昼にお楽しみメニューでケーキが出るときは、ちょっとだけ大好きなクリームの味見をします。その日は、ショウさんがお昼の時間にベストの状態で口から味わうことを楽しめるよう、スタッフさんは、朝からショウさんの体調を整えるお手伝いをします。ショウさんが昼食前に痰を出せるような姿勢で体を緩めたり、午前の活動でショウさんが疲れて眠ってしまわないようにゆったりとした活動にしたりします。ショウさんが、うっとりした表情でケーキのクリームを食べる時間、それが、その日のショウさんのメインイベントです。

　定期的に利用しているショートステイでは、普段と違う雰囲気に興味津々で、いつもより少しだけ夜更かしを楽しんでいます。

　エミリさんは、ウィークデーはグループホームで暮らしながら日中に生活介護事業所に通い、週末はお父さん、お母さんのいる家で過ごす生活をしています。グループホームでは、スタッフさんや看護師さんの支援を受けながら、他の 3 人の仲間と一緒に暮らしています。エミリさんの部屋の入り口には、エミリさんが見えやすいようピンク色にきらきら光るのれんがかかり、部屋の中には、エミリさんが iPad を使って描いたお気に入りの絵を飾っています。外出の度に買う髪飾りのコレクションが増え、エミリさんは毎朝、時間をかけて、どんなおしゃれをするかを選んでいます。リビングの窓際に置いたクッションチェアがエミリさんのお気に入りの場所です。そこから窓の外のお花に水をやる大事な仕事を担当しています。

　食事はスタッフさんが作ってくれます。エミリさんは魚料理をあまり食べなかったのですが、一緒に暮らす仲間はお魚が大好きで、エミリさんもここに住むようになってからおいしく食べるようになりました。朝、グループホームから事業所までスタッフさんと車いすで通う道すがら、エミリさんはすれ違う人に手を挙げて、にこっと挨拶をします。声をかけてくれるご近所の知り合いがずいぶん増えました。

メグさんは、ハムスターや小鳥、カメ、金魚などの小動物が大好きです。卒業してからは、生活介護事業所に通っています。スタッフさんやまわりの仲間とは、簡単なことばでの挨拶・簡単な手話、絵カードのやりとりでしていますが、感情豊かな喜怒哀楽の表情も、大切なコミュニケーション方法です。作業の時間では、割りばしの袋詰めと、動物のブローチ・ペンダント作りに取り組んでいます。気に入った作品ができるたびに、周囲の人がびっくりするぐらいの歓声をあげます。そんなときは、スタッフさんが「お仕事中です。小さな声でね。」と声かけをします。メグさんは、手話で「私が作った」と、にっこり話してくれます。月に数回、ホームセンターにあるペットショップに、完成した動物のブローチとペンダントを届けに行きます。カレンダーでお届け日に印を付けて心待ちにしています。ホームセンターの方にも、「おはようございます」「ありがとうございます」と明るく挨拶をしています。

　毎月のお給料が出たときには、お母さんにゼリーとプリンをお土産に買い、そのあとにアクセサリーショップによって、ガラスでできた金魚を1つ買うのがメグさんの楽しみです。メグさんの自宅の部屋には、今、25匹の金魚が顔を向き合うように、並べてあります。

　ケンタさんは地域作業所で作業に励んでいます。様々な作業に取り組んでいますが、特に好きなのは、収穫した野菜などを漬物にする作業や作った漬物を同じ量ずつ袋詰めする作業です。漬物を袋詰めする作業では、ケンタさんは、量りのメモリを見ながら、同じ量になるように上手に調整することができるようになりました。きっちりと正確な計量ができるので、今では、仕事仲間にも頼りにされています。上手にできたことを仲間たちにほめられると、大きく表情は変わりませんが、いい気分になっているようで、うれしそうな様子が見られるようになりました。

　休日は仕事で稼いだお給料で遊びに行くのが楽しみで、週末が来るのを楽しみにしています。休日になると好きなカラオケに行って、テレビでみて気に入ったJ-POPを歌って楽しみます。職場のカラオケ大会で自慢ののどを披露することもあります。また、旅行に行くのが好きで、お父さん、お母さんと一緒にお気に入りの電車に乗って、遠くの町まで遊びに行くこともあります。

　おとなになったショウさん、エミリさん、メグさん、ケンタさんは、それぞれの生活を楽しんでいるようです。「自分らしい自立と社会参加を実現している」、といってもよいでしょう。現在、学校で学んでいる子どもたちのこのような将来の姿を実現するためには、何が必要でしょうか。社会の中で彼らが活躍できる場を充実させることはもちろんなのですが、およそ12年間を過ごす学校教育が果たすべき役割には、とても大きなものがあると考えます。

　「ぱれっと」は、上記のような視点から、主に教育関係者を対象に、考える材料や視点をたくさん提供しています。この本が、手厚い支援を必要としている子どもにとって、それぞれの自立と社会参加を実現するためのサポートとなることを願っています。

情報パッケージ「ぱれっと（PALETTE）」解説

1．教育計画の作成と実施の基本的な考え方

（1）本書「ぱれっと」がめざすもの

　特別支援教育は、障害のある子どもの自立や社会参加に向けた主体的な取り組みを支援する、という視点に立って、子ども一人一人の教育的ニーズを把握し、その持てる力を高め、生活や学習をより充実させるために、適切な指導や必要な支援を行うものです。障害のある子どもの教育で目指すこの「自立と社会参加」とは、教育基本法の目的である、「人格の完成と社会の形成者の育成」について、障害のある子どもにとっての意味を考慮して表現した言葉といってよいでしょう。

　「自立」とは、よりよく生きること（Well-Being）につながります。重要なのは、人生の主人公として、主体的に、その人らしく生きることです。自分の夢や希望を育み、その実現に向かって何らかのアクションを起こしながら、自分が選択し決定すること、決定したことに責任をもつことなどが大切にされます。支援を受けることでそのような「自立」が可能になる場合もあります。「社会参加」で重要なことは、社会の中にいるだけではなく、参加している実感をもてることです。人と共にいることに安らぎや幸福感を抱き、自分の力が発揮できるという有能感や周りの役に立っているという存在感などを重視していく必要があります。

　本書「ぱれっと」が対象としている「手厚い支援を必要としている子ども」とは、家族や様々な専門領域の関係者が連携し、手厚い支援を行うことによって、自立と社会参加が可能となる子どもです。重度・重複障害のある子どもとは限っていません。特別支援学校であれば、視覚障害、聴覚障害、知的障害、肢体不自由、病弱、どの障害種を対象とする学校にも在籍しています。また、小・中学校の特別支援学級や通常の学級で学習している場合もあります。手厚い支援を必要としている子どもの教育活動は、それぞれの子どもにとっての自立と社会参加を目指して、それぞれのニーズに応じて生活や学習を支えるものでなければなりません。

　本書「ぱれっと」は、手厚い支援を必要とする子どもの教育計画（個別の教育支援計画、個別の指導計画）の作成と実施について、子どもとその家族が主体になるよう、考え方を示したり、考える材料を提供したりすることを目的としています。「この通りにすればできますよ」というマニュアルではありません。教員同士のチーム、また専門職とのチーム、さらに保護者や子ども本人が加わったチームとして本書「ぱれっと」を活用し、子どもの現在と将来を支える教育計画を作成・実施していただけることを願っています。

（2）教育計画の作成と実施の基本的な考え方

　本書「ぱれっと」に一貫して流れる基本的な考え方について簡単に説明しておきたいと思います。ここに挙げる7項目の考え方は、これまで、皆さんの学校において、教育計画（個別の教育支援計画、個別の指導計画）を作成する際に基準としてきた考え方と比べて少し異なる部分があるかもしれません。また、これらの項目は「キャリア教育やICFの考え方と通じる内容ではないか」と感じる方もいるでしょう。さらに、「この考え方は大事だと感じているけれども具体的にどうすればいいのかな」と頭を悩ませている方もいるかもしれません。

　ここでは、先ほど述べた「手厚い支援を必要としている子ども」のとらえ方、すなわち「家族や様々な専門領域の関係者が連携し、手厚い支援を行うことによって、自立と社会参加が可能となる子ども」という視点で、それぞれの項目の意味を説明します。ここに書かれている考え方は、現在の学習指導要領等に記載されている事項にも関連しています。巻末の資料では、それぞれの項目でとりあげた内容が学習指導要領の記述のどの部分に関連するのかについて解説を加えています。

① 子どもの生活の質の向上を目指したものであり、学校の中だけに限定するのでなく、子どもの家庭や地域での生活の質を向上させ自立し社会参加を目指すことが最終的な目的である

　生活の質「Quality of life（QOL）」とは、一人一人の人生の内容の質や社会的にみた生活の質のことを指します。つまり、ある人がどれだけ人間らしい生活や自分らしい生活を送り、人生に幸福を見出しているか、ということを尺度としてとらえる概念です。それは、「生きる力を育てる」など、教育でも大切にしている考え方と言えます。加えて、どんなに重い障害のある子どもでも、それぞれの障害の状態や発達の段階等に応じて、主体的に自己の力を可能な限り発揮し、よりよく生きていこうとすることを意味する自立活動の「自立」の考え方にも通じます。一人一人の子どもの生活の質には、子ども自身や保護者の価値観が反映されます。おそらくは一生涯、周りからの支援や介助を受けながら生活することになる子どもにとっては、その生活の質は、子どもを取り巻く人々の支援の在り方やその方向性に大きく左右されます。教育計画（個別の教育支援計画、個別の指導計画）の作成や実施においては、一人一人の子どもの生活の質や自立した生活についての視点を持ちながら、それぞれの子どもの次の人生ステージへとつないでいくことが、大変重要であると考えます。

　さらに、教育の目標や内容は、学校にいる間の生活や学習の中で完結されるものでなく、卒業後の「子どもの家庭や地域での生活の質を向上させること」をイメージしながら検討していくことが大切になってきます。

② 子どもの自己決定の力を育てることを重視する

　自分の生活の質「Quality of life（QOL）」を高めるために自分にとって何が重要なのかを決定するのは、他人ではなく自分自身です。手厚い支援を必要としている子どもにおいても、「子どもが自分自身にとって大切なことが実現できるように、主体的に行動できるようになってほしい」「自分で実現することが難しくても、自分の意思を周囲に伝え、周囲の

支援によって意思が実現できるようになってほしい」という願いは、保護者にとっても教員にとっても共通だと思います。また、この視点こそが、手厚い支援を必要としている子どもが自立し、社会参加をしていくために必要な考え方です。

「自己決定」という言葉には多くの定義があり、関連する概念にも様々なものがあります。米国では、Self-determination（セルフディターミネーション）という言葉が日本語の自己決定に近い言葉ですが、米国の障害のある子どもの教育においては、この力をどう育てるかが重視されています。セルフディターミネーションの概念は、「自分で選ぶ・自分で決める」という意味合いだけではありません。「自分にとって大事なことの実現に向かって自分で何らかのアクションを起こすこと」であり、そのためには、自分の意思で行動すること、自己調整（周囲の状況を判断したり結果を予測したりして自分の行動を調整する）ができること、「自分は〇〇ができるぞ」という自己効力感を持っていること、自分の得意なことや限界を知りその知識を使いながら自己実現できるように行動すること、という4つの行動基盤が紹介されています（Wehmeyer, 1999）。これらは障害があってもなくても、人間が主体的に生きるために大事な行動基盤であるといえます。

しかしながら、このような自己決定の力は、人が生まれつき持っているわけではありません。選択したり、決定したり、問題解決したり、試行錯誤したり、自分の限界に挑戦したりする中で、「できた」という成功体験を積み上げる、という機会を幼い頃から経験することによって、自己決定の力が育まれる、ということが研究によってわかってきました。しかしながら、「障害のある子どもたちには、障害のない子どもたちと比べて、自己決定を育む学習の機会が少ない」という衝撃的なデータがあります。手厚い支援を必要としている子どもたちにとっても、それぞれの状況に応じて自己決定の力を身につけるために、教育計画の作成と実施において、自己決定の力を大事に育む、という視点が必要であると考えます。

日本が2014年に批准した「障害者の権利に関する条約」においては、障害のある方の自己決定が重視されています。障害のある方が社会生活において合理的配慮を受けるためには、自分に必要な支援を理解しそれを申し出ることが求められます。このことからも、教育の役割として、障害のある子どもに「自己決定の力」を育むことが、これまで以上に求められるでしょう。

③ 子どもの障害ではなく、子どものもつ能力や強み、また子どもがその力を出すために必要な支援に焦点をあてる

障害のある子どもの教育についての考え方は、ここ20年ほどの間に大きな変革を遂げています。障害のある子どもの教育は「できないことをできるようにする」「マイナスの部分について引き上げる」というイメージが強かった時代がありました。特殊教育から特別支援教育への転換によって、「障害」でなく「ニーズに対応する」教育へと考え方も変わりました。障害のある子どもの教育は、子どもができないことではなく、子どもができることに焦点をあて、それを社会参加に向けて形作る教育として、認識が変わりつつあります。「子どもの持つ能力や強み、また子どもがその力を出すために必要な支援に焦点をあてる」とは、あるAさんの状態について「言葉をしゃべることができない」ところを見るのではなく、

「コミュニケーションボードを使って意思を周りの人に伝えることができる」ところに焦点をあてる、ということです。

さらに、後で説明する、ICF（国際生活機能分類）の考え方は、「障害」の概念は子どもの側のみに起因するのでなく、環境要因との相互作用によって引き起こされる状態であることを説明しています。言い換えれば、環境からの働きかけを工夫することにより、障害の状態は改善されうるということであり、この「環境からの働きかけ」には教育のあり方も大きく関係しています。

大変残念なことですが、手厚い支援を必要としている子どもがもっているはずの能力や強みは、周囲の大人から見過ごされたり見落とされたりすることがあります。子どもが力を発揮するための諸条件が整えられていないために、せっかく持っている力を出しきれていない場合も少なくないと思われます。子どもの周囲にいる大人は、子どもの力や強みにまず気づくことが必要です。実態把握の役割は、子どもがもっている見落としがちな力に周囲の大人の気づきを促すこと、また同時に子どもがその力を発揮するために必要な支援についての情報を収集することであると考えます。そのために、より専門的な知識や技能を有する者との協力や連携が求められる場合もあります。それらの情報は、教育計画（個別の教育支援計画、個別の指導計画）において、教育目標や教育内容に反映されなければなりません。

それぞれの子どものもつ能力や強みに焦点をあて、必要な支援をセットで、子どもがさらなる力を発揮できるように教育を行うことが、唯一無二の「その人らしさ」を培うことにもなるでしょう。手厚い支援によって、この「その人らしさ」を培うことが、教育の大きな目的である「人格の形成」であるといえるのではないでしょうか。

④ 子どもと家族の現在の生活、将来の生活を視野に入れる

先に述べたように、手厚い支援を必要としている子どもの教育計画（個別の教育支援計画、個別の指導計画）の最終的な目的は、子どもの家庭や地域での生活の質を向上させ自立と社会参加を目指すことであり、それは学校の中だけに限定されるものではありません。子どもにとって第1の生活の場は家庭であり、子どもを支えているのは保護者をはじめとする家族です。家族の生活の背景や価値観、願い（wants）等を尊重し、そこを中心に据えてニーズの検討を行うことは大変重要です。子どもを真ん中にした、保護者とのパートナーシップが求められます。中には、家族が自信をもって子育てするために、家族に対して何らかの支援が必要な場合もあるでしょう。手厚い支援を必要としている子どもの教育計画の作成と実施の過程では、子どもと家族の現在の生活を充実させる視点が欠かせません。

教育計画のもう一つの重要な視点は、時間軸です。すなわち、子どもと家族の現在の生活の充実と将来の生活への展望の両方を含んだ教育計画であることが望まれます。もちろん、現在の生活を充実させることは、将来の生活への重要な布石となります。加えて、将来の生活を展望したときに初めて見えてくる、学校卒業までに身につけておきたい力があるかもしれません。学校卒業後の生活の展望は高等部からスタートするのではなく、小学生段階、中学生段階においても、子どもとその家族にとって、必要とされる知識や、準備・展望の仕方があることでしょう。

特に、多方面の専門領域から手厚い支援を必要としている子どもの卒業後の進路については、限定されてしまうことが多いのですが、本人が主体となる生活を目指す移行のための支援は、子どもと家族を取り巻く人々も一緒に、組織的・計画的に行われる必要があります。

⑤ 子ども（家族）が望む未来の実現のための目標を含む

先に、自己決定の力を育てることの重要性について述べました。子どもと家族は、どのように自分たちの将来の姿を思い描いているでしょうか。「こうなったらいいな」と願う姿、反対に「こうなったらどうしよう」と恐れている姿もあるでしょう。学校におけるキャリア教育が推進される現在では、子どもや家族が望ましい未来の姿をイメージし、そのイメージの実現のために、学校教育の中で目標や具体的な指導内容を設定する、ということが、少しずつ行われるようになってきています。

「現在の目標は、将来のより大きな目標実現のための第一歩である」ととらえることで、子どもや家族の願い（wants）を実現するためのニーズ（needs）を中心に据えた指導や支援の連続性を検討することができます。先に子どもの自己決定を重視することについて述べましたが、子どもや家族自身の願いから設定された将来の目標については、目標の実現に向けて、子どもや家族自身が主体的に取り組みやすいでしょう。この一連のプロセスは、子どもの自己決定の力を育むことや、家族のエンパワメント（家族が主体性を発揮し自己効力感をもつことができるよう支えること）にもつながります。

⑥ 様々な専門職（教員を含む）は、上記の目標の実現を目指して連携をする。

学校では、教員をはじめとして様々な専門職が、子どもの教育にかかわっています。特に、重い障害のある子どもについては、多方面からの支援を継続的に必要としている場合が多く、子どもと家族を中心にした専門職チームとして連携が図られる姿が望まれます。その目指すべき方向性は、子どもと家族の願い（wants）やニーズ（needs）に応じた目標の実現です。

チームアプローチの形態には次の3つのモデルがあります（Ogretreeら、2001）。
A. 多職種 (multidisciplinary) チームモデル：それぞれの専門職が個別に子どもと家族にかかわり、横の連絡をとらない形
B. 相互関係 (interdisciplinary) チームモデル：チームコーディネーターを決め専門職同士が情報交換を行いながらも、それぞれが個別の目標設定をして個別に子どもと家族にかかわる形
C. 相互乗り入れ (transdisciplinary) チームモデル：それぞれの専門職が子どもや家族も交えたチームとして決定した目標の実現のために、お互いの専門性を共有しながら連携する形

相互乗り入れチームモデルでは、いわゆる「取り出し」ではなく、子どもが長い時間を過ごす場の自然な文脈において必要なサービスが提供される、という特色があります。子どもや家族に主としてかかわるコーディネーターやチームメンバーは、子どもとのかかわりの中で、他の専門職から学んだ知識やスキルを活かすことが望まれます。時間や労力はかかりますが、教育の場で望ましい連携の形は、専門職同士が子どもと家族を中心にして共通の目標の

実現に向けて連携する「相互乗り入れチーム」である、と考えます。

子どもと家族を取り巻く専門職の連携の輪を作るために学校が果たす役割は大きいと思われます。子どもと家族のＱＯＬを支えるチーム連携の在り方を、今一度考えてみましょう。

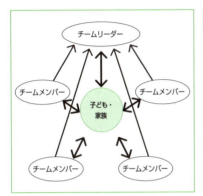
A. 多職種（multidisciplinary）チームモデル

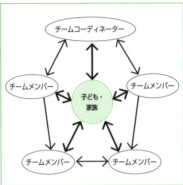
B. 相互関係（interdisciplinary）チームモデル

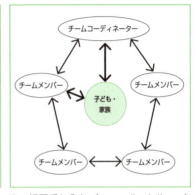
C. 相互乗り入れ（transdisciplinary）チームモデル

チーム連携の三つのモデル

⑦ **子どもや家族が中心となる計画であり、教育や学校のシステムはその計画実現を支えるシステムとなるよう進化を続ける**

これまで述べてきた考え方は、欧米で重い障害のある方の教育や福祉の領域で広く実践されている、「本人中心の計画（person-centered planning）」の考え方が基になっています。日本においても、すでに医療や福祉の領域では、「システム中心の計画」から「本人中心の計画」への転換がはかられています。障害のある方は、以前はあらかじめ決まったプログラムへの「措置の対象」でしたが、今では「自分に必要なサービスを選択する主体」であり、障害のある当事者の自己決定に基づく本人中心のサービス計画の作成が期待されています。

教育の領域においても、個別の教育支援計画、個別の指導計画は、保護者との連携のもとに作成するもの、という考え方がますます重要になっています。学校は、子どもや保護者の願いを踏まえながら目標を設定すること、その実現に向けて家庭と協力して取り組むことが求められています。子どもの教育において、保護者は学校が決めた方針に従う立場ではなく、子どものために何が必要かを検討し共に実現していくパートナーとしての立場である、という認識に変わってきています。2014年に日本が批准し

た「障害者の権利に関する条約」は、このような障害のある子どもの権利を保障するものとして位置付けられます。

以上のような現状を考えたとき、学校で行っている個別の教育支援計画、個別の指導計画の作成と、その実施、評価の一連のプロセスが、子どもと家族の視点に立ってニーズを共に検討しているか、可能な限り学校の組織や集団のあり方が個のニーズに対応できるような柔軟な仕組みを工夫しているか、を見直すことは大変重要です。それは、学校の教育目標や教育課程、指導体制等の見直しの視点につながるでしょう。本書「ぱれっと」は子どもや家族が中心となる計画とその実施に役立つ情報を提供するものです。教育や学校のシステムは、その計画実現を支えるシステムとなるよう進化を続けることが期待されています。

2. 手厚い支援を必要としている子どもの教育の目的とぱれっと（PALETTE）

教育基本法
・教育の目的：「人格の完成」「平和で民主的な国家及び社会の形成者として必要な資質を備えた心身ともに健康な国民の育成」

→

学校教育法
・幼稚園、小学校、中学校、中等教育学校の目的、目標
・特別支援学校の目的

→

特別支援学校学習指導要領
・特別支援学校の目標
・学校の教育活動全体を通じて、個に応じた指導を充実するため、個別の指導計画に基づき指導方法や指導体制の工夫改善に努めること

教育の目的について、教育基本法では2つ示しています。最初の目的は、「個々の人格の完成を目指すこと」です。これは、個々が自己実現すること、と言ってもよいでしょう。次の目的として「社会を形成していく人になっていくこと」が期待されています。教育は、この2つの目的の実現に向かっています。この目的は、障害があってもなくても変わりはありませんが、障害のある子どもにおいては、この目的は「自立と社会参加」という言葉で表現されています。本書「ぱれっと」が対象としている子どもは、「自立と社会参加」という目的を達成するために手厚い支援を必要としている子どもです。言い換えると、「手厚い支援があることで、教育の目的である自己実現が可能となる子ども」と考えることができます。

上記の教育の目的を実現するため、幼、小、中学校等の学校における目的、目標が学校教育法で示さ

れています。特別支援学校の場合に目を向けると、学校教育法第72条に目的が示され、特別支援学校の学習指導要領で、目標が示されています。この目的、目標の達成に向けて、それぞれの特別支援学校で教育課程が編成されます。

　このように、特別支援学校において教育課程を編成することは、教育の目的を達成することにつながっています。この点を踏まえた上で、特別支援学校学習指導要領解説の「第6節 教育課程実施上の配慮事項」では、「児童生徒の実態が多様で個人差が大きいことに対応した個に応じた指導を充実させること」を示しています。また、この個に応じた指導の充実は、「学校の教育活動全体を通じて」行うこととされています。

　個に応じた指導を充実するためには、学校の教育活動全体を通じて、個別の指導計画に基づき指導方法や指導体制の工夫改善に努めること、児童又は生徒の障害の状態や学習の進度等を考慮すること、個別指導を重視すること、授業形態や集団の構成の工夫すること、それぞれの教員の専門性を生かした協力的な指導をすること、などが期待されています。さらに、これらによって、学習活動が効果的に行われるようにすることが期待されています。

　特に特別支援学校では、児童生徒の実態が多様で個人差が大きいため、実態把握を丁寧にすること、個に応じた目標設定をすること、指導内容、指導方法の工夫をすること、個別の指導計画を作成すること、これらにもとづいた指導を行うこと、成果についての評価・改善を行うこと等々、個に応じた指導の視点は重要です。

　本書「ぱれっと」は、これらのことを実現するためのポイントを示しています。子どもの学習を充実させるための大前提として、好きなことや関心のあること、将来への夢など、一人一人の子どもの生活の文脈を大事にしています。教育の目的である自己実現ができるようにするために、それぞれの子どもの主体性を大事にする必要があります。本書「ぱれっと」は、現場の先生方が、このような視点を大事にしながら、子どもの主体的な学習や生活を基本とした教育がよりよく行えるように、気づきの種をちりばめて構成しました。

　そして、評価については、教育活動の成果として、一人一人の子どもが望む姿に近づいているか、人との関係の中で自己実現ができているか、という視点を大事にした評価がなされるようになります。この評価によって、個の教育の改善を目指すとともに、学校全体の教育の改善につなげ、教育課程編成の見直しへつなげていくことが期待されています。

3. ぱれっと（PALETTE）の活用によって期待されること

ここでは、情報パッケージ「ぱれっと」の活用によって、現在学校で行っている個別の教育支援計画、個別の指導計画の作成とその実施にどのような変化を期待しているのか、について説明します。

（1）特別支援教育における今日的動向

近年、特別支援教育に導入された重要な考え方であり、本書「ぱれっと」と関連の深い概念として、ICFの活用、キャリア教育があります。

① ICFの活用

ICF（International Classification of Functioning、Disability and Health）はWHO（世界保健機関）が2001年に採択した、人間の生活機能と障害に関する状況を記述することを目的とした分類であり、日本語では「国際生活機能分類」と訳されています。このICFではどのように「障害」をとらえているか、に注目してみましょう。図1が国際障害分類（ICIDH）の「障害構造モデル」、図2が国際生活機能分類（ICF）の「生活機能構造モデル」ですが、約20年の間に考え方が大きく変わったこ

図1　国際障害分類（ICIDH）の障害構造モデル（1980）

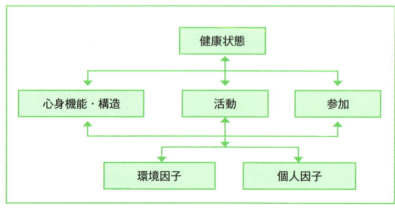

図2　国際生活機能分類（ICF）の生活機能構造モデル（2001）

とが見てとれます（国立特別支援教育総合研究所，2005）。

　一番大きな違いは、対象が「障害」から「生活機能」に変わったことです。これは病気や「障害」といったマイナスのとらえ方から、「生活機能」という中立的な概念に視点を移したということです。生活機能とは「人が生きることの全体像」を指し、「心身機能・構造」「活動」「参加」の3つのレベルを統合したものです。この中で「活動」は朝起きてから寝るまでの生活行為、「参加」は社会参加だけではなく他の人とのかかわりの中で何らかの役割を果たすことのすべてを意味しています。

　ICFでは生活機能に問題が生じた状態、つまり「生活機能低下」が「障害」であり、これも3つのレベルから成っています。つまり「心身機能・構造」に問題が生じた状態が「機能障害（構造障害を含む）」「活動」に問題が生じたのが「活動制限」「参加」に問題が生じたのが「参加制約」です。

　この生活機能に影響を与えるものに「健康状態」「個人因子」「環境因子」が導入されています。この環境因子には、物的だけでなく、人的、社会的環境も含まれます。このように、ICFの生活機能構造モデルでは、複数の視点と相互作用の中で、子どもの状態を多面的・総合的に理解していくことが可能となりました。

　このモデルを用いることで、障害があることのマイナスの側面が強調されるのではなく、自分のもてる力を使いながら生活や学習をしている子どもの姿が浮かび上がります。また「その人らしさ」や「個性」というプラスの面に注目することができます。また、環境因子として、教育や支援のあり方を検討することができます（国立特別支援教育総合研究所，2005）。

　このような「生活機能」や「障害」のとらえ方は、先に紹介した、本書「ぱれっと」の基本的な考え方においても共通しているものです。

② キャリア教育

　キャリア教育について、米国においては1950年代より研究が展開され、1970年代より学校教育において重視されるようになりました。日本においては平成11年（1999）頃から、学校教育と職業生活の接続の問題を改善するための具体的な方策として取り上げられてきた経緯があります。文部科学省によるキャリア教育の定義は、「児童生徒一人一人のキャリア発達を支援し、それぞれにふさわしいキャリアを形成していくために必要な意欲・態度や能力を育てる教育。端的には児童生徒一人一人の勤労観、職業観を育てる教育」というものです。

　特別支援教育の領域におけるキャリア教育の関心は、平成18年以降徐々に高まり始めました。国のキャリア教育推進の動向と同期しながらも、特別支援教育によって障害のある子どもの「自立と社会参加」を推進する立場からの検討がなされてきました。「キャリア」は、職業経歴や仕事そのものを意味する「ワークキャリア」と、職業生活を含む様々な生活場面で個人が果たす役割を踏まえた働き方や生き方を指す「ライフキャリア」に大別されますが、特別支援教育において重視されている視点はこのうちの「ライフキャリア」の視点であることが述べられています（国立特別支援教育総合研究所，2011）。

　Super（1980）が提唱する「ライフキャリアの虹」は、人が様々な役割の中で「自分らしい生き方」を選択し決定していくことにより、「キャリア」が形成されていくことを示しています。特別な支援を必

要とする子どもについては、学校教育を終えて地域生活へと移行し、働くことを含めた人生全体への支援が重要視されてきています。「ライフキャリア」の視点から障害のある子どもの QOL の充実を検討し、支援する側が子どものキャリア発達を図るための環境を整備していくことの重要性が述べられています（国立特別支援教育総合研究所，2011）。

　このような見解には、本書「ぱれっと」の基本的な考え方に通じるものがあります。日本における特別支援教育におけるキャリア教育は、職業的な自立を推進する職業教育や就労支援の充実に焦点があたりがちで、「障害が重度の子どものキャリア教育をどのように考えたらよいのか」という疑問の声が、多く聞かれるようになっています。しかし、そもそも、キャリア教育の定義は、「一人一人の社会的・職業的自立に向け、必要な基盤となる能力や態度を育てることを通して、キャリア発達を促す教育」であり、一人一人の生活の文脈に即したものです。一人一人のキャリア発達の視点に立った取り組みなのです。

　本書「ぱれっと」では、自己決定の力をつけることや、その人らしさを大事に育むことなど、このキャリア教育の基本的な部分にかかわる内容について、手厚い支援を必要とする子どもたちを対象とする際の考え方、展開の仕方について、情報を提供します。

（2）教育計画の作成と実施の現状と課題

　これまでに述べてきた ICF の活用やキャリア教育の視点は、特別支援教育に携わる学校において広く周知されており、少しずつ浸透しつつある状況が見て取れます。それにもかかわらず、手厚い支援を必要としている子どもの教育計画の作成を行っている学校においては、残念ながら、以下のような課題が多々見受けられます。
- 実態把握の視点がまちまち
- 担当者によって指導内容や方法が変わる
- 学習内容が家庭や地域での生活と結びついていない
- 卒業時のゴール設定があいまい

　これらの問題が生じる原因の一つとしては、手厚い支援を必要としている子どもの教育をどのように展開するのか、そのはっきりした道しるべがないことが挙げられます。手厚い支援を必要としている子どもの場合、学習指導要領上では、子どもの個々の実態に応じて、個々に教育計画を作成し実施することが示されていますが、それが子どもの学びに結びつくようにどう具現化していっていいのか指針がないため困っているという声を数多く聞きます。ICF やキャリア教育の視点についても、その本質が理解されないまま、表面上に現れている用語や様式にとらわれた活用がなされてしまうことがあるかもしれません。そうすると、「システム中心の計画」の要素が大きくなって、手厚い支援を必要としている子どもにとって「本人中心の計画」とは言えない状況が生まれてしまう場合があるのではないでしょうか。また、多くの教員が研修等によって様々な知見を得るなど専門性の向上を図っていますが、それらの知見が、整理・共有されないままでいることは多いのではないでしょうか（図3）。

（3）本書「ぱれっと」活用による教育計画の作成と実施

　本書「ぱれっと」は、上記に述べたような、手厚

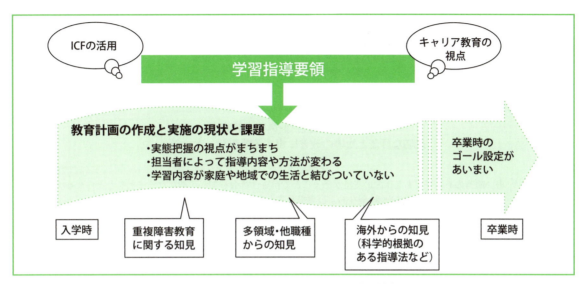

図3　計画の作成と実施（現状）

い支援を必要としている子どもが学ぶ学校における現状の認識を踏まえて、その課題を解決したいという思いから構想されました。その特徴は以下の通りです。
- ICFやキャリア教育の視点を含め、子ども本人や家族が主体となる教育計画作成とその実施に関する情報をパッケージとして提供することで、上記の諸課題を解決することを目指すもの
- 「これをすればできます」というマニュアルではなく、教員が目の前にいる子ども一人一人の教育について考える材料を提供するもの
- 手厚い支援を必要としている子どもの教育について、教員同士が学級、学年、学部、学校などで共有するための土台となる考え方や情報を提供するもの
- 保護者をはじめとする家族、専門職との連携の手がかりとなるもの

　教員同士のチーム、また専門職とのチーム、さらに保護者や子ども本人が加わったチームとしてこの情報パッケージを活用し、子どもと家族の立場に立って、子どもの現在と将来を一貫して支える教育計画を作成し、その計画を実施していただけることを願っています（図4）。

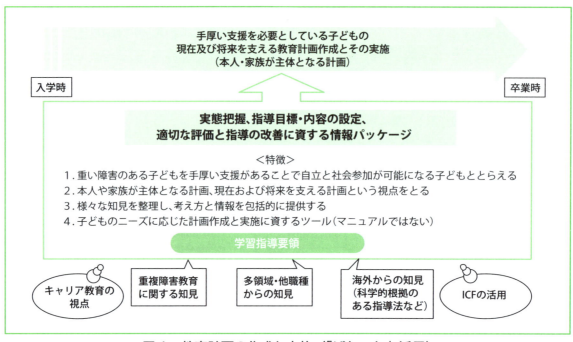

図4　教育計画の作成と実施（「ぱれっと」活用）

4．ぱれっと（PALETTE）の各項目と構成について

　教育計画の立案とその実施においては、計画（Plan）したことを、実践（Do）してみて、その評価（Check）を踏まえて、改善（Action）することが大切です。いわゆるP-D-C-Aサイクルによって、一人一人の子どもに合った教育活動が展開されているかを確認し、よりよいものにしていくことが求められます。このサイクルは、日々の授業の振り返りのような短いスパンで行うものもありますが、本書「ぱれっと」では主に、個別の教育支援計画、個別の指導計画のP-D-C-Aサイクルの展開に役立つ情報を取り上げています。

　本書「ぱれっと」では、32項目を5つの領域に分けて提供しています。

Ⅰ　実態把握
Ⅱ　保護者との連携・専門職との連携
Ⅲ　目標設定と教育内容
Ⅳ　学習活動の展開
Ⅴ　評価と計画の見直し

　それぞれの領域は密接に関連し合っているため、実態把握の中で書かれている内容にも目標設定や教育内容に関する情報が入っているなど重なりがありますが、大まかな Plan - Do - Check - Action の流れを意識した構成になっています。

情報パッケージの各項目と構成

Ⅰ 実態把握：手厚い支援を必要としている子どもの実態把握（解説）
1. 発達検査の活用とその意味
2. 一日の生活の流れのアセスメント
3. 子どもの生活マップ
4. 生活場面におけるコミュニケーション活用の状況
5. 表出が小さい・わかりにくい場合の行動観察の観点
6. 感覚障害（視覚）がある場合の行動観察の観点
7. 感覚障害（聴覚）がある場合の行動観察の観点
8. 諸感覚の活用に関するアセスメント
9. 環境面のアセスメント
10. 子どもの興味関心のアセスメント

Ⅱ 保護者との連携・専門職との連携：手厚い支援を必要としている子どもの保護者との連携・専門職との連携（解説）
1. 保護者の理解と本人受容の視点
2. 家族のエンパワメント
3. 専門職との連携の視点
4. 医師との連携の視点

Ⅴ 評価と計画の見直し：手厚い支援を必要としている子どもの評価と計画の見直し（解説）
1. 目標達成が難しい際の振り返りの視点
2. 個別の指導計画の見直し
3. 個別の教育支援計画の見直し
4. 個別の教育支援計画と個別の指導計画の連動

Ⅲ 目標設定と教育内容：手厚い支援を必要としている子どもの目標設定と教育内容（解説）
1. 目標設定の仕方
2. 子ども（家族）が望む未来の実現
3. 自立活動との関連
4. 小・中・高のライフステージを意識した目標設定と教育内容
5. 体調が変動しやすい場合の目標設定と教育内容
6. 反応が読み取りにくい子どもとのコミュニケーションの視点と教育内容
7. 子どもの自己決定の力を育む目標設定と教育内容
8. 教科学習の視点と教育内容

Ⅳ 学習活動の展開：手厚い支援を必要としている子どもの学習活動の展開（解説）
1. 一日を通した個別目標への取り組み
2. 個別学習と集団学習の考え方
3. 課題が異なる子どもたちが参加する集団学習活動の組み立て方
4. 交流及び共同学習における活動の展開①
5. 交流及び共同学習における活動の展開②
6. 地域資源を活用した学習活動の展開

もっと知りたい人はこちら

1) 国立特殊教育総合研究所(2005)ICF(国際生活機能分類)活用の試み‐障害のある子どもの支援を中心に. ジアース教育新社.
2) 国立特別支援教育総合研究所(2007)ICF及びICF-CYの活用：試みから実践へ −特別支援教育を中心に−. ジアース教育新社.
3) 国立特別支援教育総合研究所(2011)特別支援教育充実のためのキャリア教育ガイドブック. ジアース教育新社.
4) 文部科学省(2009)特別支援学校教育要領・学習指導要領.
5) 文部科学省(2009)特別支援学校学習指導要領解説 − 総則等編.
6) 文部科学省(2009)特別支援学校学習指導要領解説 − 自立活動編.
7) 野中猛・野中ケアマネジメント研究会(2014)多職種連携の技術：地域生活支援のための理論と実践. 中央法規.
8) Ogretree, B.T., Bull, J., Drew, R., & Lunnen, K.Y.(2001)Team-based service delivery for students with disabilities: Practice options and guidelines for success. Intervention in School and Clinic, 36 138-145.
9) Super, D.E.(1980) A life-span, life-space approach to career development. Journal of Vocational Behavior, 16, 282-298.
10) Wehmeyer, M.L.(1999) A functional model of self-determination: Describing development and implementing instruction. Focus on Autism and Other Developmental Disabilities, 14, 53-61.

I 実態把握

手厚い支援を必要としている子どもの実態把握

　手厚い支援を必要としている子どもは、比較的重い障害がある子どもであり、その実態把握に難しさを感じている教員は少なくありません。それには、障害の状態が多岐にわたっていることから多角的な視点で実態把握を行っていく必要があること、子どもからの反応や変化が読み取りづらいこと、標準化した検査を用いることが困難なこと等、様々な理由が挙げられるでしょう。

　本書「ぱれっと」の基本的な考え方では、手厚い支援を必要としている子どもを、「家庭・学校・地域において、環境との相互作用の中で学び生活する学習者であり生活者である」という視点でとらえています。そのため、本書においては、「子どものより主体的で豊かな学びや生活」をめざして情報を収集するための視点を中心に提案しています。

　ここではまず、手厚い支援を必要としている、重い障害がある子どもの一般的な実態把握の領域と実態把握の方法を簡単に紹介し、それに加えて、本書「ぱれっと」の基本的な考え方に基づいた実態把握の視点を紹介します。

1　手厚い支援を必要としている子どもの一般的な実態把握の領域

① 医学的診断・所見と生育歴

　まず、医学的診断や所見、及び生育歴について、できるだけ正確な情報を知ることが必要です。例えば、病名がわかることによって、教育的なかかわり方についての手がかりを得たり、今後どのような留意点がでてくるかを予測し、その準備をしたりすることができます。また、医学的な情報は、知的機能や感覚機能のアセスメントにあたっても有用な情報になります。これまでの治療や療育の経過を知っておくことも大切です。さらに、現在のかかりつけの病院など、連携が必要な機関等についても把握しておきましょう。

② 実態把握の領域

　手厚い支援を必要としている子どもは、比較的重い障害がある子どもです。子どもに応じて、様々な領域において細やかに心身の状態を把握する必要があります。呼吸や生活リズム、発作の状況などの健康面の領域、姿勢や粗大運動に関する領域、触覚・視覚・聴覚

などの感覚に関する領域、手指の微細運動を含む知覚運動協応に関する領域、理解・認知の領域、対人関係・情緒・コミュニケーションに関する領域等です。加えて、摂食の機能等の特定の領域について、より細やかな評価が必要となる場合もあります。必要に応じて専門家と連携しましょう。

実態把握の方法

① 発達検査等の活用

標準化された発達検査等を用いると、発達のキーポイントとなる行動を概括的に把握することが可能になります。また、発達の現況と、今まさに育ちつつある予測的な発達状態をとらえることができます。反面、多くの検査は障害のない子どもの発達の順序性が基になっているため、重い障害のある子どもに適用する場合、これらの順序性や項目が、必ずしも子どもの発達に即応していないこともあります。発達過程のたどり方の個人差が大きいことを念頭に置かなければなりません。それぞれの検査の特徴を理解し、調べたい目的と子どもの実態に見合った検査を選択したうえで、適切な実施と結果の解釈を行う必要があります。

② 行動観察・聞き取りによる方法

遊びや食事などの生活場面の子どもの行動の観察を通して、子どもの発達状況や獲得している行動の状況を把握します。自由な活動場面における様子を観察する方法もあれば、一定の条件下における様子を観察する方法もあります。感覚の使い方、人・物等の環境へのかかわり方、コミュニケーション等、観察する観点を明確にしたり、チェック票を用意したりすることが必要です。多くの子どもは、慣れている場所でよく知っている人となじみの活動をする時に、持っている力を発揮することができます。様々な場面における観察から得られた情報について、複数の人で確認しあって、より客観性を高めることも大切です。

日常生活の実態について、睡眠、食事、排せつなどの様子や生活リズム等は、教育的なかかわりと密接に関連してきます。保護者への聞き取りをする中で、家庭生活の中で抱えている訴えや願いなどについても知ることができるでしょう。

③ 情報の集約

実態把握によって得られた情報をどのように集約し解釈するかはとても重要です。

① 全人的発達の視点

得られた情報は、子どもの全人的発達を促す、という視点から集約され解釈される必要があります。大事なのは、子どもの発達の全体像をとらえるという視点です。重い障害がある場合、運動発達面や健康面に目が向けられがちですが、対人関係、情緒、コミュニケーション、認知など、あらゆる側面にわたって情報を得る必要があります。その際、例えば主障害が運動障害であれば、それが他の領域の発達にどのように関連しているか、という視点で解釈をすることも重要です。

② 横断的な視点と縦断的な視点

横断的な視点とは、現時点での実態をとらえる視点です。縦断的な視点とは、現在に至るまでの経過、すなわち生育歴・療育歴、これまでの生活環境など、過去にさかのぼってその時々における実態を把握し時系列でとらえる視点です。この2つの視点を組み合わせることで、子どもの将来の発達的な見通しに関する手がかりが得られやすくなり、長期的な観点からの目標を設定する上で役に立ちます。

実態を把握し、情報を集約・解釈して子どもの課題を設定するプロセスでは、保護者と連携し、また、専門家と連携することがとても大切です。

④ 本書「ぱれっと」で紹介する実態把握の視点

子どもの発達の様相を概括的に把握するためには、発達検査を活用している場合が多いでしょう。「1　発達検査とその意味」では、発達検査はどのような意味をもつものか、その結果をどのように活用するかを説明します。

本書「ぱれっと」では、手厚い支援を必要としている子どもを、「家庭・学校・地域において、環境との相互作用の中で学び生活する学習者であり生活者である」という視点でとらえています。発達や心身の状態を把握する実態把握の視点に加えて、ぜひ取り入れたいのが、子どもが学校以外の場所でどのような生活を送っているのか、についての情報収集です。「2　一日の生活の流れのアセスメント」、「3　子どもの生活マップ」で得られる情報は、子どもがどのような生活を送っているのかを知り、その生活をさらに豊かなものにするために、どんな教育的なかかわりができるのか、その手がかりとなるものです。

コミュニケーションは大変重要な実態把握の領域です。「コミュニケーションの手段がない」という子どもでも、生活場面における行

動観察の中から、コミュニケーションの萌芽を見つけることができます。「4 生活場面におけるコミュニケーション活用の状況」では、その視点を提供しています。また、「5 表出が小さい・わかりにくい場合の行動観察の視点」では、子どもの小さな発信を捉える視点を紹介しています。

障害の重い子どもが主体的に生きるためには、子ども自身が可能な方法で外界の情報を得ることはとても重要です。「6 感覚障害(視覚)がある場合の行動観察の視点」「7 感覚障害(聴覚)がある場合の行動観察の視点」「8 諸感覚の活用に関するアセスメント」では、視覚、聴覚、そのほかの諸感覚の活用に関するアセスメントに関する行動観察等の視点を紹介しています。

子どものコミュニケーションや感覚活用の状況や、持っている力がわかったら、その力を発揮できるための環境を用意することが大変重要です。「9 環境面のアセスメント」では、子どもにとって、自分の持つ力を発揮して生活しやすい環境、また、教育的な環境になっているか、という視点を提案します。

最後に、手厚い支援を必要としている子どもにとっては、興味関心があることをベースにしながら学習活動を組み立てます。「10 子どもの興味関心のアセスメント」では、家庭と連携しながら手がかりを得る方法を提案しています。

> **もっと知りたい人はこちら**
> 1) 国立特別支援教育総合研究所（2015）特別支援教育の基礎・基本　新訂版 共生社会の形成に向けたインクルーシブ教育システムの構築，ジアース教育新社．

Ⅰ　実態把握

1　発達検査の活用とその意味

こんなことはありませんか？

10歳になったショウさんに発達検査を行ったところ、発達水準は3か月程度となり、中には測定困難な項目もありました。先生はショウさんの目標設定を行う際に、発達検査の結果を活かしたいと考えていますが、この結果をどのように理解し、ショウさんの目標を考えればよいかがよくわかりません。

ここがポイント！

　障害が重い場合は、検査の適用自体が難しいことが少なくありません。しかし、一部でも適用可能な場合には、発達の大まかな様子を把握したり指導のための有効な手がかりが得られたりすることもあります。
　検査がどのような背景のもとに提供され、検査項目がどのような意図をもって作成されているかについて知っておく必要があります。また、発達の側面から障害の重い子どもの実態を捉える視点を理解したうえで、子どもの目標設定に活かしましょう。

このように考えてみましょう

　発達の検査には、その用途から2つのタイプに大別できます。①発達の水準と輪郭を知るための「発達スクリーニング検査」と、②発達の現況と将来性について詳しく知り発達の課題を把握するための「発達診断検査」です。

① 発達の水準と輪郭を知るための「発達スクリーニング検査」

　発達スクリーニング検査は、本来、発達の遅れを早期に発見することをねらいとして開発されたものです。今では、発達障害児の療育や教育の現場では、子どもが現在どのような発達の水準にあるのか、また、どのような発達の輪郭をもっているのかを知ろうとする時に利用されています。『遠城寺式・乳幼児分析的発達検査法』『日本版デンバー式発達スクリーニング検査』などがあり、検査方法が簡便で短時間で検査可能ではありますが、全体的に、きめが粗いように思われる場合もあります。

② 発達の課題を把握するための「発達診断検査」

　発達診断検査は、個々の子どもの発達の現況と将来性について、子どもの内部で今まさに育ちつつある発達状態を予測し、子どもの発達のそれぞれの側面が相互にどのように関連しあっているのか、どの側面がどの程度どんなふうに進んでいるのかなどについて理解し、子どもの発達課題を把握しようとする時に活用される性質のものです。『実践と発達の診断』『早期発達診断検査』『乳幼児精神発達診断法』『新版K式発達検査』などがあります。発達水準が生後3年未満の障害の重い子どもの発達課題を把握するためには、それぞれの発達診断検査の長所・短所をよく吟味したうえで、検査対象となる子どもの特性も考慮に入れて、適切な検査を選択することが必要です。

●●●●● 具体的な実践に向けて使えるツールポイント ●●●●●

　発達診断検査を活用して、発達水準が生後3年未満の障害の重い子どもの発達の現況を調べ、発達課題を把握しようとする時の視点を挙げます。

① 発達の個人内差異（進んでいる側面と遅れている側面）を把握する視点

　「3か月の発達水準」等の発達の把握の仕方は、標準的な発達を基準にして個人間の違いに着目したとらえ方です。これに対して、障害の重い子どもの場合、個人内差異に着目し、発達の進んでいる側面と遅れている側面の両方をとらえる必要があります。どんな子どもでも、その子どもなりに発達の進んでいる

側面が必ずあります。また、遅れている側面があります。子どもの発達課題を把握しようとする際には、それらがどのように関連し合っているかについても、理解するよう努めることが肝要です。それは、発達の進んでいる側面をさらに促進させることで、遅れている側面を補うことができるからです。

また、どんな子どもでもその子どもなりに発達が伸長する時期がありその後停滞する時期が訪れます。一人の子どもの発達の変化を追跡して縦断的にとらえる視点も、課題を把握するうえで重要です。

② 発達を質的に把握する（発達状態を障害状態との関連でとらえなおす）視点

一般的には、障害のある子どもも健常な子どもの標準的な発達の順序をたどることが仮定されています。「発達の遅れ」という時、それは健常児の標準的な発達に比べて速度が遅い、すなわち量的な遅れをさしています。

しかしながら、障害の重い子どもでは、健常児の発達には見られない質的な発達の違いが認められることもあり、これを「発達の偏り」と呼ぶこともあります。障害の重い子どもの発達では、その子どもの障害状態や生活経験などが深くかかわっていることが多く、発達過程のたどり方も個人差が大きいです。一人一人に固有の発達過程があることを念頭に置きながら、実態把握を行う柔軟性が要求されます。子どもの発達課題を把握しようとする時には、その発達状態を、障害状態や生活経験などとの関連の中でとらえなおすことが必要になります。

③ 将来の発達状態を潜在能力としてとらえる視点

発達検査では、その現況だけでなく、子どもの中に何が育とうとしているのかをとらえ、今まさに育ちつつある予測的な発達状況を潜在能力としてしっかり把握する必要があります。障害の重い子どもは、自ら環境とかかわりその子にふさわしい法則性をもって主体的に発達を遂げていきます。子どもの中に芽生えつつある力に注目し、子どもがその力を発現しやすい教育的環境を検討しましょう。

④ タテの発達とヨコの発達の視点

発達は、直線的・連続的過程ではなく、螺旋的・段階的な過程をとるものです。また、発達には「タテの発達」と「ヨコの発達」があります。「タテの発達」とは、より高次の発達水準への移行を意味します。これに対して、「ヨコの発達」とは、その発達の段階においてすでに獲得された行動が豊かになったり確実になったりする行動の変化であり、その行動自体のヨコの広がりを意味します。障害のある子どもの発達を考えると、ヨコの発達は非常に重要で、ヨコの発達が充実することがタテの発達の前提となります。また、タテの発達はある程度のところで停滞することを念頭に置いて、今持っている力で豊かな生活を送るために、ヨコの発達が充実するような支援の視点を持つことも必要です。

⑤ 環境との相互作用の視点

発達に対するアプローチでは、その子の発達段階を踏まえた指導を行うことが重要ですが、発達心理

学では、物理的環境・人的環境、あるいはもっと広く文化そのものとの相互作用によって子どもは発達していくという観点が強調されます。その子どもの発達段階において、どのような物理的環境や人的環境が必要であるかを考えなくてはなりません。10歳の子どもであれば、発達水準が3か月であっても、10年間の生活経験があることを踏まえた教育的環境を設定することはとても大切です。

障害の重い子どもの発達課題の設定にあたって考えなければならないことは、子どもの行動の発現を求め、自ら外界の物や人へ係る自発的な行動を育て、広げさせていくことです。このとき、その子どもが外界の物や人などに対してどのような興味や関心があるかといった視点が大変重要になります。このような物や人との関係を基盤にして、運動や感覚の機能を向上させ、より高い次元へと進めていく、あるいは今持っている力を充実させる課題を、その子どもに応じてきめ細かく設定していくことが重要です。

＜タテ方向への発達の視点＞
子どもが質的に新しい力を獲得する、できることが増えるなど、子どものもつ能力が高度化する、という視点

＜ヨコ方向への発達の視点＞
子どもが今もっている力を、違う場面で発揮したり、新しい相手との間で発揮したりできることで、子どもの生活や人とのかかわりに幅がでてくる、という視点

タテの発達とヨコの発達の視点

> **これを実践してみたら……**

　ショウさんは「発達スクリーニング検査」で「3か月の発達水準」という結果が出ていましたが、先生は理学療法士と協力して、発達課題を把握するための「発達診断検査」を行ってみました。その結果、ショウさんの発達のプロフィールの中で比較的発達が進んでいる領域と、遅れている領域がわかりました。

　例えば、進んでいる情緒面では「近しい大人に対して要求を表す」ように目で訴える様子が観察されます。遅れている領域は、運動面で「腰と胸を支えられ、垂直に保たれると不安定ながら首が座る」状態です。しかし、しっかりと腰と胸が支えられた状態では、「頭を動かして動く事物を滑らかに追視する」行動が芽生えそうな様子を観察することもできました。ショウさんは自分で頭を動かせることを褒められて、誇らしげでした。

　先生はお母さんや理学療法士と相談して、ショウさんが「頭を自分で動かして、見たいものを見る」ことを発達課題として掲げました。バルーンにうつぶせになって体幹がしっかり安定している状態になると、ショウさんは首を挙げ、前にいる先生の顔や、好きなおもちゃを見ようとします。最近のショウさんのブームは、お気に入りの隣のクラスの女の先生に、右から、または左から「ショウさん、こっちだよ！」と名前を呼んでもらい、ショウさんが呼ばれた方向を向く遊びです。ショウさんは時間をかけて頭部をコントロールしながら動かし、先生から呼ばれた側を向きます。先生と目が合うととても嬉しそうです。

```
＜障害の重い子どもによく用いられる発達検査＞
■発達スクリーニング検査（発達の水準と輪郭を知るための検査）
　　遠城寺式・乳幼児分析的発達検査法（遠城寺・合屋他，1977）
　　日本版デンバー式発達スクリーニング検査（上田，1980）
■発達診断検査（発達の課題を把握するための検査）
　　実践と発達の診断（西村，1979）
　　障害の重い子の早期発達診断（川村，2013）
　　乳幼児精神発達診断法（津守・稲毛，1961）
　　新版K式発達検査（嶋津他，1983）
　　ポーテージ式乳幼児発達検査（安藤・瀬田，1972）
　　MEPA（ムーブメント教育・療育プログラムアセスメント）Ⅱ-R（小林・藤村，2014）
　　感覚と運動の高次化発達診断チェックリスト（宇佐川，1998）
```

こんな場合を考えてみましょう！

　皆さんの学校では、どのような発達検査を使っているでしょうか。それは「発達スクリーニング検査」ですか、それとも「発達診断検査」ですか。何のためにその検査を用いていますか。検査の用途と活用の目的が一致しているか、確認してみましょう。

もっと知りたい人はこちら

1) 藤田和弘（1991）重度児の評価について．肢体不自由教育，99，4-10.
2) 川村秀忠（2013）障害の重い子の早期発達診断 新訂版，ジアース教育新社．
3) 国立特別支援教育総合研究所（2006）平成16年・17年度　課題別研究「重複障害のある児童生徒のための教育課程の構築に関する実際的研究，5-8.
4) 丸山哲史・河合隆平・品川文雄（2012）発達障害ってなに？，全国障害者問題研究会．
5) 下山直人他（2011）新しい自立活動の実践ハンドブック，全国心身障害児福祉財団．

Ⅰ 実態把握

2 一日の生活の流れのアセスメント

こんなことはありませんか？

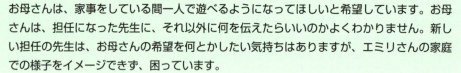

エミリさんは、小学4年生です。人とかかわることが大好きで、親しい人には表情や声で気持ちをアピールしています。

4月、新しい担任の先生は、個別の教育支援計画や個別の指導計画の作成にあたり、家庭からの希望を聞いています。エミリさんのお母さんは、家事をしている間一人で遊べるようになってほしいと希望しています。お母さんは、担任になった先生に、それ以外に何を伝えたらいいのかよくわかりません。新しい担任の先生は、お母さんの希望を何とかしたい気持ちはありますが、エミリさんの家庭での様子をイメージできず、困っています。

 ここがポイント！

子どもの一日の生活の流れを把握し、子どものニーズや保護者の希望が生じる具体的な場面を知り、学校での教育目標や内容、支援のあり方を検討しましょう。家庭と連携した取り組みを行うことが大切です。

② 一日の生活の流れのアセスメント

このように考えてみましょう

　手厚い支援を必要としている子どもとかかわる際に、学校以外の場で子どもがどのように過ごしているのかは、大変重要な情報です。連絡帳は、教員が子どもの家庭での生活の様子を把握してかかわったり、保護者が学校での学習や生活の様子を知ったりするために、重要な役割を果たします。食事や排せつ、健康状態等、子どもの生活について一日を通して見ることにも活用されます。

　さらに、個別の計画を作成するにあたっては、子どもや保護者の希望を知って、学校での教育目標や内容、支援のあり方を検討する、という視点が重要です。しかし個別の指導計画は、学校の生活をベースに作成されることが多いようです。そのため、必ずしも、学校以外の場におけるその子どもの課題が、教育目標や内容に反映されていない場合があります。

　学校以外の場での子どもの様子を把握するためには、子どもの一日の生活の流れを保護者と一緒に振り返りながら、課題を考えていく、という方法があります。保護者に時間ごとの生活の流れを表に書いてもらいましょう。一日の流れをもとにして話をする時、ニーズが生じている時間や楽しくしたい時間を明らかにし、さらに、今まで工夫したこと、挑戦したいことも書いてもらうことで、生活実態から課題設定に向けての検討がよりスムーズになるでしょう。

① 教員にとっての利点

① ニーズのある時間帯も含めた一日の生活全体の流れを知ることができます。
② 生活の実態に応じた子どもの課題について検討することができます。
③ 生活の流れの中で、子どもや保護者の具体的な希望がわかるだけでなく、課題にかかわる情報（今まで工夫してきたこと等）もわかり、課題検討がよりスムーズに行えます。

② 保護者にとっての利点

① 表に書くことで、改めて生活を振り返ることができます。楽しくしたい時間や今まで試行錯誤したことや挑戦したいこと等の漠然としやすい事柄が、明確に浮かび上がってきます。
② 表にまとめることで、初めて子どもにかかわる相手にも情報を伝えやすくなります。

③ 両者にとっての利点

　保護者が気付いていなかった生活の過ごし方のポイント（この時間で何か挑戦できそうだ等）を、表に基づいた話し合いの過程で、教員と一緒に見つけることができます。

Ⅰ 実態把握

具体的な実践に向けて使えるツールポイント

　一日の生活を振り返りながら、事前に保護者に表を書いてもらいましょう。その際、余暇、コミュニケーション、姿勢など、大きくテーマを決めると書きやすいでしょう。矢印の順に記入すると、段々と希望がはっきりとするようになっています。特定の日について書いてもらうことにすると、保護者がどうしてその日を選んだのか（休日や平日、ショートステイなど）理由を聞くことができ、困っている背景がわかりやすくなるでしょう。

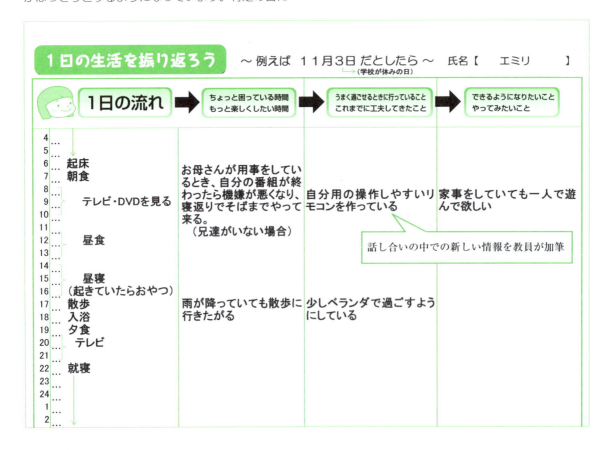

② 一日の生活の流れのアセスメント

Ⅰ 実態把握

　この表が完成したら、保護者と担任で検討します。話し合うことで新しく見えてきた事柄や挑戦したいことなどは、表に書き加えていきます。また、課題に取り組み始めたら、連絡帳等を活用して、一日を通した課題への取り組みの状況（一人で動画操作をして過ごした時間や姿勢変換の回数など）について、家庭でも記録してもらうことを検討してもよいでしょう。

　保護者によっては、表に記入することについて負担に感じる場合があります。話し合いの中で担任が聞き取った内容を記入していく等、工夫しましょう。

これを実践してみたら……

① 新担任にとって

　エミリさんの一日の流れの表から、担任の先生は、食事や就寝、自由時間など、エミリさんの生活を大まかにイメージすることができました。

　保護者からの希望は、「家事をしている間、一人で遊んでほしい。」という漠然としたことでしたが、「ちょっと困っている時間」の記載から、好きなテレビやDVDを見ることで一人で過ごせるのではないかというヒントを得ることができました。また、扱いやすい本人専用のリモコンを作成する等、おうちでも工夫をしていることがわかりました。

　その結果、学校では、見たい動画に変えてほしい時にVOCA（Voice Output Communication Aids）で呼ぶことを目標とすることができました。家庭のニーズを知り生活を振り返ることで、学校で取り組む具体的な課題に結びつけることができたのです。担任にとって貴重な情報が得られ、課題検討の大きな助けとなりました。

② 保護者にとって

　生活を振り返る表は、どう書けばよいか戸惑いもありましたが、書いてみると改めてエミリさんのこれまでの家での過ごし方を振り返ることができたようです。そして、担任の先生に、エミリさんの生活や今まで工夫してきたことや希望について、まとめて伝えることができ、生活に即した課題に学校で取り組んでもらえたことがよかったと感じたそうです。

　家でも困った時に、声で呼ぶことが多くなるという変化が見られ、学校での学習が家庭でも活かされ、保護者も成果を実感することができました。

　このエミリさんの場合以外にも、以下のような活用が考えられます。

　自分から移動することが難しい子どもで、同じ姿勢で過ごす時間が多いという保護者の悩みがあれば、日常生活の流れやその時の姿勢を振り返りましょう。その中で、腹臥位や側臥位で過ごせそうな時間を見つけたり、日常にあるクッション類をどう使ったら安定した姿勢がとれるかを考えたりして、学校でも毎日安定した姿勢保持に取り組むことができるでしょう。

② 一日の生活の流れのアセスメント

I 実態把握

こんな場合を考えてみましょう！

ショウさんは、胃ろうから水分や栄養の注入を行っています。体調の良い時と悪い時とでは、睡眠時間や、注入を行う時間・注入にかかる時間も異なるようです。ショウさん・保護者への支援の視点から、一日の流れを把握することの重要性を考えてみましょう。

もっと知りたい人はこちら

1) 今川忠男（1999）発達障害児の新しい療育：子どもと家族のその未来のために 三輪書房.
2) Saito, Y. & Turnbull, A.（2007）Augmentative and alternative communication practice in the pursuit of family quality of life: a review of the literature. Research and Practice for Persons with Severe Disabilities, 32, 50-65.

Ⅰ 実態把握

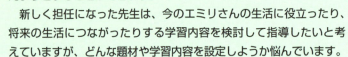

子どもの生活マップ

こんなことはありませんか？

　エミリさんは、小学４年生です。自分の気持ちを発声や視線で伝えようとすることができます。

　新しく担任になった先生は、今のエミリさんの生活に役立ったり、将来の生活につながったりする学習内容を検討して指導したいと考えていますが、どんな題材や学習内容を設定しようか悩んでいます。

　そこで、家庭や地域でエミリさんがどんな活動をしながら生活しているのかをわかりやすく整理したいなあと思いました。

ここがポイント！

　子どもが地域の中で、どのような生活を送っているかを把握し、その情報を学校での教育目標や内容支援のあり方の検討に活かしましょう。子どもの生活の質を高めることを意識した取り組みを行いましょう。

このように考えてみましょう

　子どもが現在の生活を充実させるために、また、将来自分らしい豊かな生活を送るために、学校では「自立と社会参加」を目指して「生きる力」を付けていくことが大切です。その力は、かかわる人との「関係性」や「相互作用」の中で育ち、子どもと社会との「関係」を作っていくことにつながります。そのためには、子どもの地域生活を含めた全体像を把握することが大事です。そこで、地域生活をまとめて見るために、子どもを中心にした「生活マップ」を作ってみましょう。

　「生活マップ」を作ることでこのような利点が考えられます。

① 子どもと家族を取り巻く地域とのつながりや地域生活の様子を知ることができます。

② 地域資源の活用状況、子どもと家族の支援状況、子どもにかかわる人々との「関係のあり方」について把握できます。

③ 学校の中だけでは完結しない、現在と将来の生活の質を高めるための教育目標や支援の内容などを検討することに役立ちます。

④ 保護者と情報を共有でき、互いにわかったことを出し合いながら、支援の方向性について話し合うことができます。

　「生活マップ」を作成してわかった情報を基に教育目標や内容を検討し、取り組むことで、学校で学習した内容を、地域生活や家庭生活の中で活かすことができます。

具体的な実践に向けて使えるツールポイント

　保護者から地域生活全般の聞き取りをし、一緒に「生活マップ」を作っていきましょう。医療機関、福祉施設、行政機関、余暇活動、放課後や休日、交流先など、あらかじめ枠を準備し、書き込んでいきましょう。連携のとれている機関同士は矢印で結び、具体的な活動内容等について記入していくと、生活の全体像がはっきりしてきます。

　「生活マップ」を作成しながら、家庭や地域での活動、地域生活の中での興味・関心、交友関係や外出経験などについても把握していきましょう。
　「生活マップ」からわかった情報を基に、現在の教育目標や内容等を見直し、子どもの学校での学習を、家庭生活や地域での生活に反映させることを心がけましょう。

③ 子どもの生活マップ

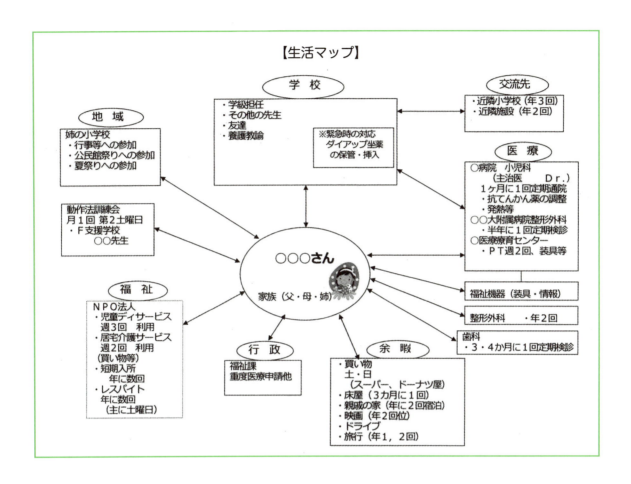

I 実態把握

これを実践してみたら……

　先生は、エミリさんの「生活マップ」を作ったことで、エミリさんと家族の方が地域の中でどんな生活を送っているのか、大まかに把握することができました。

　現在、エミリさんは学校で、「実物やカードを視線で選ぶ」ことを目標にしています。これを、地域や家庭での生活でも活用できるようにしたいと考えました。そこで学校では、国語や自立活動、校外学習の中で指導をしていくことにしました。そして、授業改善シートを活用し、生活全体への反映を考えながら授業改善に取り組み始めました。その結果、よく行くお店で、ほしい物を視線で選んでお母さんに伝えたり、お母さんの支援を受けな

「授業における観点位置付け・授業改善シート」				平成　年　月　日（検討日　月　日）	
学部・学年	小学部・4年	場所		長期目標	支援を受けながら自分の欲しい物を買うことができる。
教科等名	自立活動	指導者		今年度の目標	自分の欲しい物ややりたいことを、カードを見て視線で選び、人に伝える。
題材名				授業の目標	実物（空箱）やカードを視線で選ぶ。スーパーで材料を買ってくることを理解する。

学習内容	支援と指導上の留意点	将来につながる育てたい力 キャリア発達段階・内容表		気づき		
		主たる観点	関連する観点	次時授業改善点	教育課程への反映	生活全体への反映
1　はじめのあいさつ スイッチを押して挨拶する。	・座位保持いす を調整しスイッチが押しやすい前傾姿勢になるようにする。	【意思決定能力：自己選択・決定】	【将来設計能力：やりがい】	・タブレット端末等を活用し作っているところや出来上がった様子、スーパーなど映像で分かりやすく伝える。	・あいさつのスイッチは、どの学習場面でも活用する。 ・他の学習場面でも2種類の道具や活動を準備し、どちらかを選んで活動できるようにする。	・お母さんと一緒にスーパーに行き、買ってくる物と同じ空箱を持って見比べながら視線で選び、買い物をしてくる。
2　作りたいおやつを選んで決める。 ・フルーチェ ・ホットケーキ	・空箱を準備し、ひとつずつ提示してよく見せてから、二つの空箱を選ばせるようにする。					
3　必要な材料を知る。 ・卵 ・牛乳 ・フルーチェ ・ホットケーキの素　　　　　など	・選んだおやつの材料（買ってくるものと同じ空箱）を提示する。					
4　どこに買い物に行くか考える ・写真カードを視線を移して選ぶ	・お母さんとよく行くスーパーの写真カードを2種類準備しひとつずつ提示してよく見せてから、二つのカードを選ばせるようにする。					
5　いつ誰とどこへ何を買いに行くかを知り、写真カードをボードとシートに貼る。	・カレンダー、お母さんやお店の写真、実際に買ってくる空箱で買ってくるものを視覚的に確認し、シートを一緒に作成する。					
6　おわりのあいさつ						

国立特別支援教育総合研究所(2008)一部改編

がら、店員さんにも自分で選んだほしいもののカードを渡したり、やり取りができるようになりました。また、エミリさんは、前にも増して自分からの発声や要求が多くなり、いろいろな面で積極的に人とかかわろうとするようになりました。お母さんもそのことをとても喜び、生活の中でもっとエミリさんが自分でできることはないかという視点で考えることができるようになってきました。

さらに、生活マップを作ったことで、外出する際の支援はほとんどお母さん一人で行っていたこともわかりました。そこで、先生は保護者に、福祉サービスの情報提供と家族以外の支援者を増やすことの大切さなどを伝えました。お母さんは、エミリさんの世界を広げるために、ヘルパーさんを活用することにしました。ヘルパーさんにも、外出先での支援を学校や家庭と同じようにしてもらうことで、エミリさんは、お母さん以外の人とも買い物や余暇活動を楽しめるようになりました。

こんな場合を考えてみましょう！

メグさんの生活マップを作成した担任は、休日に図書館によく行っていることを知りました。メグさんが料理の本を好んで借りることや、貸出カウンターの職員さんとやりとりしたいけど恥ずかしくてできないこと、等を知ることができました。メグさんにとっての「自立と社会参加」をイメージして、生活をより豊かにするという視点から、メグさんの教育目標や教育内容として、どのようなことが考えられるでしょうか。

もっと知りたい人はこちら

1) 国立特別支援教育総合研究所(2007)ICF及びICF－CYの活用　試みから実践へ－特別支援教育を中心に－，ジアース教育新社．
2) 国立特別支援教育総合研究所（2011）キャリア教育ガイドブック，ジアース教育新社．

I 実態把握

4 生活場面におけるコミュニケーション活用の状況

こんなことはありませんか？

　エミリさんは、小学2年生です。学校ではシーツブランコやトランポリンなどの揺れ遊びが好きで、笑顔になります。感触遊びなどは少し苦手で、粘土に触れると最初は手を引こうとする様子が見られます。

　新学期の保護者との面接では、「家族が一緒に使えるコミュニケーションの方法があるといいのですが、どうしたらいいでしょう」という話題がでました。

　学校でも朝の会で写真を使って説明していますが、活動やお友達について理解している様子は見られません。また、その活動がやりたいかどうかについて「はい」「いいえ」の意思は、まだはっきりわかりません。

 ### ここがポイント！

　子どもの生活・学習している場面の行動観察から、子どもが自分のかかわれる活動や状況についてどのような情報を手がかりにして予測しているのかを探ってみましょう。そこからコミュニケーション方法を検討することができます。

④ 生活場面におけるコミュニケーション活用の状況

Ⅰ 実態把握

このように考えてみましょう

　障害の重い子どもが力を上手に発揮できるのは「知らない場所で、知らないおとなと、初めての活動をする」時よりも「よく知っている場所で、普段からかかわっているおとなと、よく知っている活動をする」時、だと感じませんか？ 周囲の状況を把握することが難しい子どもの立場に立って考えると、日常生活のルーティーンやなじみの活動には、子どもが予測できる手がかりとなる情報（「いつもの歌が聞こえたから、楽しい朝の会が始まるぞ」「○○先生がコップを並べているから、これからお茶の時間だ」など）がたくさんあることに気づきます。この、子どもにとって意味のある自然な環境の文脈が、子どもが周囲の状況をわかり（受信）、意思を表しながら主体的に参加する（発信）ことを支えています。

　子どもの生活・学習している場面の行動観察では、子どもが、自分のかかわる活動や状況をどのような手がかりで理解しているのかを探ってみましょう。

　例えば、赤いキルティング布で作られたシーツブランコの活動について、教室の子どもたちはそれぞれ、様々な情報を手がかりにして予測をしていることが観察されます。

<シーツブランコの活動に関する手がかりの例>
① シーツブランコにのせられると揺れを期待するように体を動かす
② 赤いものを持った人が来るとシーツブランコとわかり笑う
③ キルティングの布の手触りでシーツブランコとわかりのりこもうとする
④ シーツブランコの入った箱を教員が準備するのを見て近づく
⑤ 朝の会の時に今日の活動の紹介でシーツブランコの歌を聴いて喜ぶ
⑥ 朝の会の時に今日の活動の紹介でシーツブランコの絵カードを見て喜ぶ
⑦ 朝の会の時に今日の活動の紹介で「シーツブランコ」の手話で喜ぶ
⑧ 明日は「シーツブランコしようね」という教員の話を聞いて喜ぶ

　これらの例のように、子どもは発達段階に応じて、また活用できる感覚で、様々な周囲の手がかりで「シーツブランコ」という活動をとらえています。実際の活動の場にある手がかり（体を包む布の感触、布の色や手触りなど）から、場所や時間を離れて使われる手がかり（絵カード、音声言語など）まで、様々な段階のものがあります。また、視覚、触覚、聴覚など、様々な感覚を使った手がかりがあることがわかるでしょう。

具体的な実践に向けて使えるツールポイント

① **子どもが活動や状況を予測している手がかりをリストアップする**

まず、子どもが生活・学習している場面を観察し、子どもがその活動や状況を予測する手がかりとしてどのようなものがあるかを、リストアップしてみましょう。

<子どもが活動や状況を予測している手がかりの例（使っている感覚）>

帽子をかぶる	→	散歩だとわかって喜ぶ　（視覚、触覚）
ひげを触る	→	お父さんだとわかって落ち着く　（触覚）
キーボードの準備を見る	→	朝の会が始まることがわかる　（視覚）
給食のワゴンの音が聞こえる	→	食事とわかって口を動かす（聴覚）
消毒液のにおいをかぐ	→	泣いて嫌がる（注射の記憶など）（嗅覚）
首の後ろに触れられる	→	抱っこされるとわかり体に力が入る（触覚）

② **子どもにわかる手がかりを検討する**

次に、子どもにわかる手がかりを検討し、「意図的に」使ったりつくったりした手がかりを提示しましょう。声をかけるだけでは子どもにわからないことが、伝わりやすくなります。

<意図的に使う子どもにわかる手がかりの例（使っている感覚）>

帽子を見せる　触らせる	→	散歩に行こう　（視覚、触覚）
首の後ろに2回触れる	→	抱っこするよ（触覚）
マットの切れ端を触らせる	→	マットに行って休憩しよう（触覚）
ドアのツリーチャイムに触らせて鳴らす	→	教室に着いたよ（触覚・聴覚）

④ 生活場面におけるコミュニケーション活用の状況

これを実践してみたら……

　エミリさんが大好きなシーツブランコの活動について様子を観察すると、朝の会の時に「シーツブランコの歌」を教員がエミリさんの体に触れながら歌った時に笑顔になることが観察されました。また、シーツブランコにのるとシーツブランコの布の手触りを自ら手を出して確かめている様子が見られました。
　学校では、エミリさんに「シーツブランコ」の活動の予告として、ハンカチ程度の大きさのシーツブランコと同じ布をエミリさんに触ってもらいながら、「シーツブランコの歌」を歌うようにしました。繰り返すうちに、エミリさんも自分から布に触ってくれるようになり、シーツブランコへの期待も増すようです。
　このような方法をお母さんにも伝え、家庭の生活の中でのエミリさんに伝える手がかりも、一緒に検討してみることにしました。

こんな場合を考えてみましょう！

　ショウさんのクラスでは、朝の会の時に写真カードや絵カードを使って今日の予定を確認します。周りのお友だちはカードを見て「外にお散歩に行く」ことがわかり喜んでいますが、絵や写真の理解が難しいショウさんにはわかりません。ショウさんにお散歩に行くことがよりわかるように伝えるためには、どのような伝え方が考えられるでしょうか。

もっと知りたい人はこちら

1) 国立特別支援教育総合研究所（2009）重複障害児のアセスメント研究 – 視覚を通した環境の把握とコミュニケーションに関する初期的な力を評価するツールの改良.
2) 中澤惠江（2000）障害の重い子どもとのコミュニケーションと環境をめぐって．肢体不自由教育146, 20-29.

Ⅰ 実態把握

5 表出が小さい・わかりにくい場合の行動観察の観点

こんなことはありませんか？

　ショウさんは、小学3年生です。表出が小さく、かかわり手にとってわかりにくいのですが、最近は自分の気持ちを伝える手段として、まばたきや眼球の動き、口の動き、手指の動きなどを使おうとし始めています。しかし、その日の体調によって元気な時と、痰が多い、眠いなどの時では、それらの表出の度合いが変わってくるようです。
　担任の先生は、ショウさんが示し始めた「はたらきかけに対して口角を動かす」という表出について、どのような意味づけをしてどうかかわればよいか、他の先生と共通認識する方法があればいいな、と考えています。

ここがポイント！

　表出の小さい子どもが、どのような状態の時に、どのような表出をしているかをとらえるためのかかわり手の視点を整理してみましょう。体調や前後の状況によって、表出の度合いや方法に変化があるかにも注目してみましょう。
　そして、その子どもにかかわる教員同士で、その表出について意味づけを行い、生活場面や学習場面でのかかわり方につながるよう、共通認識をもちましょう。

⑤ 表出が小さい・わかりにくい場合の行動観察の観点

このように考えてみましょう

　手厚い支援を必要としている子どもたちの中には、表出が小さくわかりにくいケースがあります。その子どもなりに表出していてもかかわり手に見逃されてしまったり、かかわり手が表出の意味をとらえにくかったりすることがあります。子どもの微細な表出をとらえるかかわり手の視点を養い、かかわり手同士で共有することで、具体的な教育活動に活かしていくことができます。

① 子どもの意図を捉えることができそうな身体の動きや変化の視点を整理しましょう

　ショウさんのように、何らかの身体の動きで表出し始めた子どもにとって、その表出を確実なものにしていくことが大切です。それには、子どものどんな身体の動きや変化を表出ととらえるかという視点を、大人の側ができるだけたくさんもつことが必要になります。子どもに合わせてその視点を整理し、「その子どもが意図的に使えそうな表出手段は何か」を丁寧に見ていきましょう。

② 体調や先行条件、環境によって表出の仕方に違いがあるのか見てみましょう

　手厚い支援を必要とする子どもの中には、体調の変動によって生活や学習活動に影響が出ることもあります。体調が安定している時は、はたらきかけに対してわかりやすく応答できるけれど、痰が多い日は苦しくて、やりとりに至らないといった場合もあります。

　例えば、毎日繰り返される「○○先生と朝の挨拶をする」というやりとりの場面で考えてみます。いつもなら口角を動かして応えるけれど、挨拶の直前に筋緊張するようなきっかけがあったり、他の物音に意識が向いていたりしたら、子どもの応答の仕方は変わってくるかもしれません。体調や状況によって表出に違いがあるのかを見ていくことは、子どもをとらえ、かかわり方や学習活動を考えていく上で重要な情報となります。

③ 教員間で表出の意味づけを共有し、実際のかかわりや教育活動につなげましょう

　表出をとらえても、それが担任の独りよがりであったり、かかわり方が教員によって違っていたりすると、子どもは混乱してしまいます。子どもにかかわる教員同士で様々な場面において確認し合い、意味づけについて共通理解する場を作りましょう。そうした中で、「あの手の動きは反射的な動きだと思っていたけど、意図がありそうだね」等、新しい視点が見つかるかもしれません。

　また、子どもが意図なく「思わず」ある身体の部位を動かしてしまっている場合にも、大人が子どもの気持ちを汲んだ意味づけをしてフィードバックを重ねることで、その動きが、子どもからの「意図的な」表出に変化していきます。このときには、教員同士で子どもの表出の意味づけやかかわり方を共有することが、大変重要になってきます。

Ⅰ 実態把握

具体的な実践に向けて使えるツールポイント

　以下のようなシートを使って子どもの表出をとらえ、生活場面や学習活動の支援につなげていく実践を紹介します。次の手順で活用していきます。
① 子どもの基本情報を記入します。体調による表出の違いに着目するため、その日の体調を、▽を塗りつぶすことで示します（注：体調による表出の違いについては、「Ⅲ　目標設定と教育内容」の「5 体調が変動しやすい場合の目標設定と教育内容」を参考にしてください）。
② 場面や状況、子どもの表出を書き込みます。カテゴリーにない、その子特有の表出があれば、「その他」の欄に記入します。
③ 記録された表出について教員間で検討し、「意味づけ」の欄に記入します。
④ 共通理解されたことを元に、生活や学習場面でのかかわり方、声がけ、状況作りなどに活かします。また、教育の目標や内容などに反映させることもできます。

　この「表出カテゴリー表」を活用する時に大切なことは、子どもの表出の有無をチェックするのではなく、今、その子がどんな表出手段を使って何を伝えようとしているか、教員間で意味づけを共有することです。新しい学習に取り組む時や、子どもの表出に変化が表れそうな時などに様子をビデオに撮り、記録をしてみると、より客観的に捉えることができるでしょう。
　上記のシートは毎日決まったパターンのやりとりで記録をしていますが、もっと細かく子どもの表出を追いたい場合は、一つのやりとりについて数分間の記録をとる方法も考えられます。
　表出のカテゴリーとしては主なものを挙げてありますが、他に「動いている物をよく見る」「音のした方に顔を向ける」「触れられたことに反応を示す」など、感覚的な刺激を受け止めた時の様子も表出として捉えられるかもしれません。子どもを取り巻くかかわり手が、できるだけ多くの視点をもち、「その子ども像」をとらえていくことが大切です。

⑤ 表出が小さい・わかりにくい場合の行動観察の観点

表出カテゴリー表

①表出カテゴリー表　氏名 ○○ ○○　小学部　3年　1組（ 8歳　2ヶ月）　＊記入例＊　A

＊Aパターン（日にちごとに記録する）

体調の目安		A 目の動き	B 表情	C 声	D 手の動き	E 身体の動き	F バイタルサイン（身体の生理的変化）	G 表出しない	H その他
① → 「探索・挑戦・創作」安定した体調で活動を発展させることができる	表出カテゴリー	1 眼球を動かそうとする（キョロ、チラッ、見開く、下げる等） 2 注視する 3 追視する 4 目が充血してくる 5 まばたき（まぶたを下ろそうとする） 6 目をつぶる／開ける 7 目を合わせる（アイコンタクト）	8 眉毛を動かす 9 眉間にしわを寄せる 10 口角(口元・口唇を動かす・噛む・頬を膨らます等) 11 舌を出す・動かす 12 微笑む 13 笑う 14 泣く 15 顔色が赤くなる 16 表情の明らかな変化	17 声を出す 18 いろいろな泣き方をする 19 人の声に合わせるように声を出す 20 声の調子を変えて発声する	21 手／指を動かす 22 手で払う 23 手／指に力を入れる	24 身体全体／一部を動かす 25 身体の動きを止める 26 足を動かす 27 姿勢（向き）を変える 28 筋緊張が緩まる／緩める 29 筋緊張が強まる／強める 30 身体を突っ張らせる／反り返る 31 頭・顎を動かす 32 手や足に物が触れるとその手や足を動かす	33 脈拍（心拍数）の変化 34 呼吸のスピード・深さの変化 35 酸素飽和度の変化 36 唾液量／痰の量の変化 37 発作が起きる 38 体温の不調や機嫌が不良な時に声を出す、表情を変える	39 反応しない 40 寝る	67 68 69 70
② → 「なじみの楽しみ」「生活活動」体調が良く、主体的に活動できる									
③ → 「調整」子どもが良い状態に向かって「調整」できるように支援する									
④ → 「生命維持」かかわり手が態度深く読み取る									

体調	先行条件・状況・環境								
▽	5月10日（月）10:00 - 10:15 場所 廊下　人 A先生 ・登校後の挨拶 A先生に「おはよう」と声をかけられ手に触れられた時	記録	○ まぶたを下ろす 声をかけられたことに応えようとした？	○ 口角 口角を動かして応えようとした		○ 反射か？応えようとして動かした？			
▽	5月11日（火）11:00 - 11:03 場所 廊下　人 A先生 ・登校後の挨拶 A先生に「おはよう」と声をかけられ手に触れられた時。夜中の発作で眠れていない	記録	○ つぶる 目を開けていられなくて自然とつぶったのか？				○ ゆるめている 不調で脱力している		○ 興奮がいるない
▽	5月12日（水）9:50 - 9:53 場所 廊下　人 B先生 ・登校後の挨拶 B先生に「おはよう」と声をかけられ手に触れられた時。睡眠はとれたけど痰多い日。	記録	○ 先生の方を見ようとしたのか、痰が苦しいことを訴えたのか？	○ 痰を出したくて舌を動かした。咳込みたくて力が入り、顔が赤くなる。			○ 痰を出したくて身体に力が入る	○ 痰 痰を出したけど出せなくて苦しい声を出す	

a いつも同じ表出あり			○		○ ○	○		○ ○		
b 人によって表出あり		○								
c 場所によって表出あり										
d 表出生起までの時間 すぐ 長い→		—		—	／	／	／	／	／	
e 表出の持続時間 短い 長い→									—	
f 子どもの意図が分かる		○								
g やりとりにつながる		○								
h サインになりそう										

| 意味づけ | | 体調が安定している時は、眼球を動かそうと意識しているかもしれない。体調が良くない時の眼の使い方を丁寧に見ていく必要あり。「見たくて見る」と「何かを訴えたくて見る」は違うかも…。 | 体調が良い時に口角を動かすことは、返事や応答と捉えられそう。痰を出したい時の舌の動きや顔色の変化は分かりやすい。舌を動かしたら吸引してほしいサインかも。 | 反射と意図的な動きの区別はまだできない他の場面も見ていく必要あり。 | 痰を出したい時の筋緊張は分かりやすい。 | 苦しそうな声は不調の時、痰を出したい時のサインになる。 | | 興奮がいるないのか、聞こえているけどシャットアウトしているのか |

これを実践してみたら……

ショウさんの「口角の動き」については、最初は「はたらきかけに対して、何となく口角が動いているかな」ということに担任が気づく程度でした。表出カテゴリー表を用いて確認することで、クラスの先生全員で、その表出をショウさんの「Yes の応答の手段として育てたい」、ということを共通認識しました。ショウさんが口角を動かした時には、かかわり手が必ず口角に触れて「ここで応えたんだね、わかったよ。」とフィードバックを重ねることで、「意図的に口角を動かして応える」ことが、ショウさんの確実な表出手段になりました。

また、ショウさんが好きなはたらきかけに、口角の動きですぐに応える時は比較的体調がよいこと、逆に、好きなはたらきかけに対して口角の動きが見られない時は、何らかの不調があることもわかってきました。

「口角の動きはショウさんの意図的な Yes の返事」という意味づけをおうちの人とも共有することで、動いた口角に触れてフィードバックすると、さらにショウさんが口角をもっと動かすなど、やりとりがつながることも見られるようになりました。ショウさんは口角の動きで応えると褒めてもらえることがうれしくなり、クラス以外の先生たちともそのやりとりを拡げているところです。

最近では、体調の良い時に、問いかけに対して意図的に口角を動かさないことが、ショウさんの「No」の意思表示としてとらえられるのではないか、と考えられる場面もでてきました。クラスの先生たちは、ショウさんが「No」の意思表示をはっきりさせるためのかかわり方を検討しています。

⑤ 表出が小さい・わかりにくい場合の行動観察の観点

こんな場合を考えてみましょう！

　ショウさんは、体調があまりよくない時には、意図的に口角を動かすことが難しいようです。そんな時には、痰が多くなることに加えて、呼吸のスピードや脈拍が少し速くなることがわかりました。先生たちは、ショウさんのこのようなバイタルサインを読み取って、体調がよくない時は、ショウさんの活動の内容を調節することを共通認識しました。体調が変動しやすい子どもについて、体調によって異なる行動観察の観点を整理しておくことの重要性を考えてみましょう。

もっと知りたい人はこちら

1) 国立特別支援教育総合研究所（2015）特別支援教育の基礎・基本　新訂版 共生社会の形成に向けたインクルーシブ教育システムの構築，ジアース教育新社．

＊本書の「Ⅲ-5　体調が変動しやすい場合の目標設定と教育内容」「Ⅲ-6　反応が読み取りにくい子どもとのコミュニケーションの視点と教育内容」も参照してください。

I 実態把握

6 感覚障害（視覚）がある場合の行動観察の観点

こんなことはありませんか？

　エミリさんは、今5歳です。地域の療育センターに週1回通っています。揺れ遊びが大好きで、センターの先生やお母さんと一緒にシーツブランコをしている時は、とても楽しそうで、笑顔が見られます。

　保護者から「視覚にも障害があると言われたのですが、病院ではきちんと検査ができません。家庭でも見えているのかどうかよくわかりません。」という相談が、担任の先生にありました。療育センターでも、光るおもちゃで遊びますが、本当に見えているのかどうか、どの程度見えているのかよくわかりません。

 ここがポイント！

　子どもの生活している場面の行動観察から、視機能がどの程度使えて、どのような活動に活用できるのかを探りましょう。また、どのような配慮をすれば視覚がより使いやすくなるかを検討しましょう。

このように考えてみましょう

① 視機能についての理解

　私たちは80％以上の情報を視覚から得ているといわれています。視覚障害のある子どもの見え方に関する実態把握は、情報保障に関する配慮を知る意味からも大変重要です。視覚障害というと、一般的に問題になるのは視力障害ですが、「視機能」には、視力以外にも、視野・光覚・色覚などがあります。視覚に関する子どもの実態を把握する際には、視機能全般について理解しておくことが大切です。

```
　　　　　　＜主要な視機能＞
光覚：明るいか暗いかの区別ができるか、光の
　　　方向がわかるか
色覚：色を識別できるか
視力：ものの形を見分けられるか、どのくらい
　　　小さいものを見分けられるか
視野：1点を見つめた状態でどれくらいの範囲
　　　が見えるか
```

```
　　　＜視力を知りたい時に使えるツール＞
①　ランドルト環単独視標
②　単独絵視標
③　Teller Acuity Card
④　縞視標リー・グレーティング
⑤　森実式 Dot Card
```

　また、視覚は6歳まで発達すると言われていますが、学習や生活の環境を整え、見やすくなることで「見ることを学習する」機会が増えると、視反応に変化が見られる場合もあります。

② 手厚い支援を必要としている子どもの視機能検査の意味

　視覚障害に加えて知的障害やその他の障害が重複している子どもへの測定では、「明確な反応が得られない」といった理由で、測定困難とされることもしばしば見受けられます。しかし、このような子どもの場合、治療を目的とする医療機関における検査とは異なり、子どもの生活がより豊かになるために、どのような視機能が活用でき、その結果、どのように学習や生活環境を整えていけばよいのか、といった視点を持つことが重要になってきます。

③ 観察方法の実際

　子どもの見え方を観察する際には、まず普段の子どもの表情や行動を十分に把握しておくことが必要です。部屋の明かりをつけたり消したりすることで反応があるのか、暗い部屋で懐中電灯やペンライトなどの光に反応するか調べます。また、あそびなどの中で、鮮やかな色のボールなどを使い、それを見ているかどうか、どこまで目で追いかけるかなどを観察します。子どもが目を大きくあける、息遣いが変化する、微笑む、眉をあげるなど一瞬の顔の表情の変化を見逃さないように注意します。また、子ど

もが好きなものを提示することで、子どもが興味関心をもって見ることにつながることもありますので、日頃からしっかりと把握しておくことが大切です。

どのような物が見え、どのような物が見えていないのか、学校だけでなく、家庭の中で過ごしているときの様子についても、見ている物の大きさや色を視距離や姿勢と併せて記録し、医療機関における視機能の測定結果と照らしあわせていくことで、より正確な実態把握が可能となります。

具体的な実践に向けて使えるツールポイント

子どもの日々の学習や生活などをスムーズにし、また豊かにするために、それぞれの視機能がどの程度使えてどのような活動に活用できるのか、また、どのような配慮をすれば視覚がより使いやすくなるか、さらに、どのような配慮をすれば視覚の活用を妨げる要因を省くことができるのか、などをとらえておくことが大切です。

各視機能に関する観察の観点と、それらの情報をいかに活用するかについて、以下に例を挙げましたので参考にしてください。

【光覚】

○ 観察の観点
- 光がある状態とない状態の違いはわかるのか
- 光がわかるとすれば、どのくらいの距離でどのくらいの強さの光ならわかるのか
- 暗室ならわかるのか、少し明るい部屋でもわかるのか

○観察の機会・使えるツール
- 日向と日陰の様子の違い
- 暗室での光遊び
- 懐中電灯、ペンライト、光源のある玩具

<どんな光がわかるかについての情報があると…>
・日中の屋内と屋外を区別する手がかりとして光が使える
・移動するときの手がかりとして光が使える
・窓の方向が自分の位置を理解する手がかりとなる
・光の点滅や変化による「見る活動」を楽しめるよう工夫ができる

<光がある状態とない状態の違いがわからない、という情報があると…>
・「視覚以外の方法での情報保障を検討すべき」という判断ができる

⑥ 感覚障害（視覚）がある場合の行動観察の観点

Ⅰ 実態把握

【色覚】
〇観察の観点
- 色の違いはわかるか
- どのくらいの面積・距離ならわかるか

〇観察に使えるツール
- 蛍光色などはっきりした紙や布、色のついたボールなど

<色覚に関するこれらの情報があると…>
- どのような色がわかりやすいのかのヒントになる
- 人を見わける信号として服などの色を使うことができる
- 活動の合図や、目立たせたい物や場所の印として使うことができる
- 色を使った活動の展開が工夫できる

【視力】
〇観察の観点
- どのくらいの距離で、どのくらいの大きさの物が見えているのか
- 手元ではどれくらいの物が判別できるのか
- 部屋の端から端まで見たときには、どれくらいの物が見えているのか
- 視力の数値は、学習や生活の中の「見え」にどう繋がっているのか

<視力に関するこれらの情報があると…>
- 子どもが見る絵や文字などの大きさに配慮できる
- 物の提示の仕方について、見やすい大きさと距離について検討できる
- 部屋の中で見えやすい物の配置の仕方が検討できる
- どのくらいの距離から話しかけたらよいのかが検討できる

【視野】
〇観察の観点
- どれくらいの範囲が見えているのか
- 視野に狭窄があるか
- 欠損部分があるか

<視野に関するこれらの情報があると…>
- 絵や文字など示したい物を提示すべき位置や配慮について検討できる
- 提示する時のスピードの手がかりとなる

I 実態把握

【明暗順応】
○観察の観点
・羞明(まぶしくて見えにくくなる)があるかどうか
・夜盲(薄暗くなると見えにくくなる)があるかどうか

<羞明がある(まぶしがる)ことがわかった場合の配慮>
・遮光レンズを眼科で処方してもらい、光の多い時の屋外で用いる
・屋外では、つばのある帽子等を用いる
・屋内では、窓から光が直接あたる席をさけたり、ブラインドをおろしたりする
・直接照明の光が眼に入らないよう間接照明に変えたり、日光などが眼に入らないように座席や休憩場所の配慮をしたりする

<夜盲がある(薄暗くなると見えにくくなる)ことがわかった場合の配慮>
・階段など、暗い照明の場所をより明るくする
・夜間の移動時は見えにくくなっていることについて配慮する

これを実践してみたら……

　エミリさんは、暗室での光遊び、懐中電灯の光、ボール（赤色や黄色）、ビックマックスイッチ（赤色）等を見ている様子がうかがえました。また、その時は比較的側臥位や仰臥位の姿勢をとっている時が多くあり、速く動くものを追うことは難しい様子でした。ある日、エミリさんの様子を観察した視覚障害特別支援学校の先生を交えて話し合いをしました。その中で、観察や日頃の見えに関する情報から、赤や黄色の物が見えやすいようだ、エミリさんに見せたいものがある時にはコントラストをつけて見せる、20cmの視距離に提示する、物を見せる時はゆっくり見せる、側臥位や仰臥位の姿勢が見えやすいようだ等、学習や生活上の配慮や工夫について確認しました。

　そこで、療育センターのエミリさんの担当の先生は、毎日赤い服を着ることにしました。すると、エミリさんが先生の動きを追っている様子が観察され、先生がいない時には探しているような様子も見られるようになりました。

　以降、お母さんはエミリさんのコップの色を赤色に決めました。お茶を飲む時に必ずこのコップを用いることを続けたところ、エミリさんはコップを見せられるとニコッと笑ったり、顔をそむけたりすることで「お茶を飲む」か「お茶は飲まない」という意思を表出することができるようになりました。

こんな場合を考えてみましょう！

　エミリさんのお母さんから、エミリさんが家庭の中でいろいろな音に興味を示しているようなので、自分から楽しんで遊べる音がするようなおもちゃを選びたいと相談がありました。お母さんにどんなアドバイスをしたらよいでしょうか。

もっと知りたい人はこちら

1）　飯野順子他編著（2014）特別支援教育ハンドブック，東山書房．
2）　香川邦生編著（2005）視覚障害に携わる方のために，慶應義塾大学出版会．
3）　国立特別支援教育総合研究所（2009）　専門研究A研究成果報告書「重複障害児のアセスメント研究－視覚を通した環境の把握とコミュニケーションに関する初期的な力を評価するツールの改良」．
4）　氏間和仁編著（2013）見えにくい子どものサポート，読書工房．
5）　山本利和（2004）目の不自由な子どもを育てるヒント，ジアース教育新社．

I 実態把握

7 感覚障害（聴覚）がある場合の行動観察の観点

こんなことはありませんか？

　メグさんは、今2歳です。地域の療育センターに週1回通っています。家庭ではテレビの幼児向け番組が大好きで、キャラクターのダンスが始まると、テレビの前で一緒に踊っています。
　保護者から「病院で聴覚にも障害があると言われたのですが、病院ではきちんと検査ができません。家庭でもきこえているのかどうかよくわかりません。」という相談が、センターの担任にありました。療育センターでも、音のなるおもちゃで遊びますが、本当にきこえているのかどうか、どの程度きこえているのかよくわかりません。

ここがポイント！

　子どもが生活している場面の行動観察から、きこえの実態把握の手がかりを探りましょう。生活の中で、その子どもが確実にきこえている音（ドアの開閉、足音、電子レンジ、TV、電話、チャイム）はあるでしょうか。その音源と音の大きさを把握することができると、聴覚活用の手がかりとなります。

⑦ 感覚障害（聴覚）がある場合の行動観察の観点

このように考えてみましょう

　聴覚障害は他者から見て非常にわかりにくい障害であるとともに、聴覚障害の種類や程度により一人一人きこえ方は異なります。加えて、障害が重く、重複した障害のある子どもへの聴力測定は「明確な反応が得られない」といった理由で、「測定困難」とされることもしばしば見受けられます。

　しかし、医療機関や教育機関における聴力測定が困難でも、日常生活における行動、つまり周囲の音への反応を観察することによって、きこえているのかきこえていないのかを推測することは可能です。

　私たちの身の周りには様々な音があふれています。日常生活の中における環境音に対して、子どもがどのような行動を示すか、観察してみましょう。

　行動観察のポイントは、音が鳴った時（音のON）の振り向きだけでなく、ビクッと驚く、泣きだす、音源を探そうとする、身体の一部が動く、動きが止まる、発声、笑い、呼吸の変化といった様子や、逆に音がなくなった時（音のOFF）の動き（音がしていた方向への振り向き等）の様子等も併せて記録をとることです。また、音源からの距離も必ず記録しておきましょう。これらの記録に基づいて、その子どもがきこえる音に関して、音の大きさを騒音計で確認したり、音の高低について周波数を調べる装置で確認したりできます。

　学校だけでなく、家庭の中にある様々な音をきかせた時の様子も記録し、医療機関における聴力測定結果と照らしあわせていくことで、より正確な聴力の把握が可能となります。聴力が把握できると、その聴力に適した補聴器を活用した教育的対応の可能性が出てきます。

具体的な実践に向けて使えるツールポイント

<身の周りにある環境音の例>

学校で	バスのドアの開閉音　教室のドアの開閉音 靴をバタバタさせる音　朝の会のCDの音　校内放送 給食の食器が触れる音　水を流す音　電気をつける音 鍵をかける音　窓やカーテンの開閉音　ほうきで履く音 ピアノやエレクトーン、太鼓等楽器音　トイレの流水音 先生（男・女）の声　お友達の声　チャイム　拍手
家庭で	電話のベル　携帯電話の着信音　時計の音　掃除機の音 まな板の音　玄関チャイムの音　犬の鳴き声 食器どうしがぶつかる、テーブルに食器を置いた音 洗濯機が回る音、ブザーの音　赤ちゃんの声 ナイロン袋から物を取り出す音　冷蔵庫の開閉音
屋外で	自動車のクラクション　自転車のベル　鳥の鳴き声 駅のアナウンス　救急車やパトカーのサイレン オートバイの音　飛行機の音
自然の音	雷　雨　雨が雨戸に触れる音　ひょう 波　風

⑦ 感覚障害（聴覚）がある場合の行動観察の観点

　私たちの身の周りはあらゆる音があふれており、これらはほんの一例です。それぞれの学校や家庭での環境音についてどんな音があるか、子どもがどんな時に反応したかを振り返り、リストを作るのもよいですね。

　学校や家庭の中にある様々な音をきかせた時の様子を記録しておき、後日騒音計を使って、その音の周波数と音の大きさを調べ、オージオグラム（聴力図）を作成することにより、標準聴力検査が困難な子どもでも、聴力が推定できます。騒音計は高額ですので、聴覚特別支援学校の教育相談を担当する先生に、記録をもとにきこえを推定してもらうとよいでしょう。実際に、聴覚特別支援学校に行き、聴力測定をしてもらうこともできます。

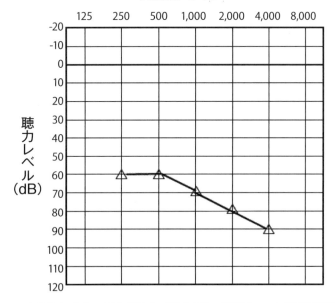

メグさんのオージオグラム（聴力図）＜推定＞＊△は両耳裸耳

これを実践してみたら……

　療育センターの担任の先生は、「メグさんは、騒がしいところでの話し手の声、ヒソヒソ話、鈴やディナーベルなどの音はきこえていない様子であること、大太鼓の音やドアの開閉音に気づくこと」といった療育センターでの様子を聴覚特別支援学校の先生にお話し、行動観察の記録を共有しました。聴覚特別支援学校の先生は、その記録をもとに、騒音計を使って、音に反応した同じ条件（音源・距離）で、メグさんがきこえている・きこえていない様子を示した音の大きさと周波数を測定してくれました。そして「周波数の高い音や、小さな音はきこえにくい可能性がありますね。」と、行動観察から推測されるオージオグラム（聴力図）を作成・説明してくれました。鈴やディナーベルは高い音で、ドアの開閉音や大太鼓の音は低い音という、おおよその周波数の見立ても教えてくれました。

　メグさんの音への反応を調べる方法についてはお母さんとも共有しました。お母さんが調べてくれた、家庭でメグさんが反応する音については、療育センターや相談場面でも使ってみて、きこえの力を伸ばす取り組みを行うことにしました。また、聴覚を活用する力は変わっていくので、家庭での様子をお母さんに継続して観察してもらい、その記録と医療機関における測定結果も併せて、より正確な聴力を把握していく方向性を確認しました。

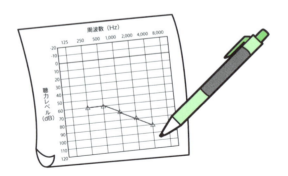

こんな場合を考えてみましょう！

メグさんは、家庭ではテレビの幼児向け番組が大好きで、キャラクターのダンスが始まると、テレビの前で一緒に踊っているそうです。このエピソードから、メグさんのきこえの状態を調べる方法を考えてみましょう。

もっと知りたい人はこちら

1) 文部科学省初等中等教育局特別支援教育課（2015）教育支援資料．
2) 沖津卓二（2010）重複障害児の聴覚医学的問題，Audiology Japan，53，664-676．
3) 菅原廣一（1985）COR Audiometry による重複障害児の聴力閾値検査について，Audiology Japan，28，156-167．
4) 菅原廣一・我妻敏博・高橋信雄（1981）重複障害児の聴性行動反応の測定，国立特殊教育総合研究所研究紀要、8，17-26．
5) 田中美郷・針谷しげ子（1998）聴覚障害を有する重度脳障害児の難聴診断と対策，音声言語医学，39，428-441．
6) 立石恒雄・木場由紀子（編）（2004）言語聴覚士のための子どもの聴覚障害　訓練．ガイダンス,医学書院．

I 実態把握

8 諸感覚の活用に関するアセスメント

こんなことはありませんか？

　ショウさんは、小学2年生です。表出に用いることができる身体部位が限られており、表情等からも、なかなかショウさんの気持ちを読み取ることができません。
　担任の先生は、絵本を見せたり、音楽を聴かせたりしていますが、なかなかショウさんからの応答を得ることができず、日常どのような支援や学習を行えばよいのかわからず悩んでいます。

 ここがポイント！

　視覚、聴覚、触覚、味覚、嗅覚等の感覚の活用状況について、子どもがどのように様々な刺激を受けとめているかを探りましょう。
　また、子どもが活用することができる感覚や、子どもにとって心地よい感覚を支援や学習に取り入れましょう。

⑧ 諸感覚の活用に関するアセスメント

このように考えてみましょう

　私たちは毎日、様々な感覚を通して周囲の情報を受け取っています。朝目覚めて、立ち上がって歩き、顔を洗い、ご飯を食べる、という動作の中で、私たちは自分の周りの環境とかかわることによって、様々な感覚を通して周りの状況に関する情報を得ています。子どもにとって、探索や遊びは大事な学習や発達の場です。子どもは周りの環境とかかわりあいながら得られる視覚、聴覚、触覚、嗅覚、味覚、固有覚（手足の位置や体の動きを知る感覚）、前庭覚（身体の傾きや動き、運動の速さの変化などを知る感覚）等、様々な感覚刺激を通して、自分を取り巻く世界について学び、それが認知や運動発達の源となります。

　子どもに障害がある場合、特に活用できる感覚が限られていたり、自ら探索することが難しかったりする子どもは、残念ながら上記のような学習の機会が制限されてしまいます。教育においては、子どもが様々な感覚を用いながら周囲の環境とかかわることへの、丁寧な支援が大切になってきます。

　まず、子ども自身が活用することができる感覚や子どもにとって心地よい感覚を探り、それを手がかりにしてかかわってみましょう。

　具体的には、日常生活の様々な場面、あるいは授業等の設定された場面で、見ること、聞くこと、触ること、匂いを嗅ぐこと、味わうこと等の様々な感覚をどのように受けとめ、どのような応答を見せてくれるかを丁寧に観察してみましょう。また、子どもの感覚過敏の状況や、感覚を使った探索の仕方についても情報を得ましょう。重い障害のある子どもが感覚を受け入れ、何らかの応答をするまでにはたっぷりの時間を必要とすることに留意しましょう。得られた情報は毎日の支援や学習場面に取り入れることができます。

具体的な実践に向けて使えるツールポイント

① 子どもが好きな感覚刺激を把握しましょう

視覚（色、光、大きさ、距離、位置）、聴覚（大きさ、高さ、イントネーション、リズム）、触覚（固さ、強さ、リズム）、味覚（甘み、苦み、辛み、熱冷）、嗅覚（食物、人、場所）等、

子どもの好きな感覚や苦手な感覚を生活場面や設定場面で観察しましょう。

触覚を例にとると、私たちが触れるものには、サラサラしているもの、フワフワしているもの、ツルツルしているものなど様々な触感があります。また、硬いものでもプラスチックや木材など色々な素材があふれています。嗅覚は脳にダイレクトに伝わる感覚です。「おばあちゃんの家の蚊取り線香の匂い」など子どもの好きな匂いを探ってみましょう。

② 感覚刺激への子どもの反応は様々です

子どもの快・不快表現は表情だけに表れるわけではありません。ちょっとした目や指先の動き、呼吸の変化などに表れる場合も多いです。考えるような表情になる子どももいます。担当者は子どものわずかな表現をも見逃さないように子どもの全身が見える位置取りでかかわるなどの工夫も必要です。

③ 子どもが心地よいと感じる感覚の種類と強さ（閾値）を把握しましょう

心地よいと感じる感覚の強さは子どもによって異なります。障害の重い子どもの場合、感覚が過敏で突然入力されてくると驚く場合もあります。まずは強すぎず、ソフトな感覚刺激を提示してみましょう。

④ 得られた情報を毎日の支援や学習場面で活用するには……

感触遊びなどで、「教員が子どもの手を取って触らせる」場面が見られることがありますが、これから何を触るのかわからなくて、不安な思いをしている子どもがいるかもしれません。ものに触れる時は、必ず見せたり（視覚）、ことばかけしたり（聴覚）、ときには匂わせてみたり（嗅覚）と、一つのものについて様々な感覚を使って確かめる方が、子どもにとって何が来るのかわかりやすくなり、触る前の心の準備ができます。わかって安心できる、また子どもの興味を引く状況を設定することで、子どもが自ら指を動かすなどして探る様子が見られるようになるかもしれません。

また、子どもの好きな感覚を毎日の生活に取り入れることで、「次はこれが来ます」という予告にわくわく期待する様子が見られるようになるかもしれません。

⑧ 諸感覚の活用に関するアセスメント

これを実践してみたら……

　ある日ショウさんがビーズクッションに頬を近づけようとしているところから、ビーズクッションの感触が好きであることを同じクラスの先生と確認することができました。そこで、食後の休憩時には、必ずビーズクッションにもたれて過ごせるような時間を作るようにしました。また、ショウさんが日常過ごすスペースの近くに、ビーズクッションのコーナーを作ることにしました。そこで、ビーズクッションと同じ素材のお手玉を作り、ビーズクッションのコーナーに行く前に予告としてお手玉を触らせることにしました。すると、お手玉を触ったとき、ショウさんの眼球や口角がわずかに動いていることに先生は気づきました。ショウさんは「次に起こること」への見通しが持てるようになったのです。

こんな場合を考えてみましょう！

　エミリさんの学校には、音、光、振動、におい等、様々な感覚刺激を楽しめるスヌーズレンの部屋があります。見えにくさのあるエミリさんですが、チューブの中できらきら光るスパンコールや、蛍光色に浮かび上がる絵によく注目して楽しんでいました。スヌーズレンの部屋を使えるのは週１回だけですが、いつも過ごす教室の中や毎日の学習場面でもエミリさんが見ることを楽しめるといいなと考えています。どのような工夫ができるでしょうか。

もっと知りたい人はこちら

1) Fowler, S. (2007) Sensory stimulation: Sensory-focused activities for people with physical and multiple disabilities. Jessica Kingsley Publishers.
2) 小林芳文「ＭＥＰＡⅡ　乳幼児と障害児の感覚運動発達アセスメント」日本文化科学社．
3) クリスタ・マーテンス, 姉崎弘監訳 (2009)「スヌーズレンの基礎理論と実際 - 心を癒す多重感覚環境の世界」大学教育出版．
4) 日本感覚統合学会編著「ＪＭＡＰ（Ｓ‐ＪＭＡＰ）日本版ミラー幼児発達スクリーニング検査」．
5) 佐藤和美著 (2008)「たのしくあそんで感覚統合 - 手作りのあそび１００」かもがわ出版．

＊本書の「Ⅰ－４　生活場面におけるコミュニケーション活用の状況」も参照してください。

Ⅰ 実態把握

環境面のアセスメント

こんなことはありませんか？

　エミリさんは小学3年生になりました。授業で様々な活動が楽しめるようになり、例えば、「帽子をかぶってさんぽの歌を歌うとお散歩」など、これから何が起こるか、予測が立つことも増えてきました。

　でも、見えにくさのあるエミリさんは自分から教室にあるおもちゃに目を向けたり、手を伸ばしたりすることはめったになく、先生が何かしてくれるのを待っていることが多いです。

　先生は、エミリさんがもっと自分から意思表示したり行動したりしてほしい、と思っていますが、そのためにどんな工夫があるでしょうか。

 ### ここがポイント！

　教室や校内でよく使う場所が、その子どもにとってわかりやすい環境設定（人、物理的空間、もの）になっているかどうか、生活や学習の環境を見直してみましょう。

このように考えてみましょう

「理解する力はあるはずなのに、子どもからの自発的な行動があまりない。」という時、子どもが生活・学習している環境を、その子の視点で見直してみましょう。子どもが自分から行動を起こしづらい理由は、ひと、もの、場所などのわかりにくさにあるかもしれません。

① 子どもの立場に立って普段の生活・学習環境をどのように把握しているかを考えましょう

子どもの周りには、子どもにとって大事なもの、そうでないものを含めて、たくさんのものがあります。子どもはどのように自分にとって大事なものを見つけているのでしょうか。大人は、様々な都合で、活動に使うものを片づけたり置き場所を変えたりしています。しかし、周囲の環境を把握しにくい子どもにとっては、目の前にあるものがいつの間にか世界から消えたり、また登場したり、という経験の繰り返しかもしれません。かかわる大人が子どもへの予告なしにクルクル変えてしまうことはありませんか。子どもの立場に立って考えてみた時、普段の生活・学習環境は予測できない、安定することのない世界になっていないでしょうか。

② 子どもが主体的に行動できるよう、なに？ どこ？ だれ？ がわかる工夫をしましょう

私たち大人でも、例えば、知らない街で何が起こるかわからず、言葉の通じない人を頼りにせざるを得ない状況では、主体的になるのは難しいことです。多くの子どもは、よく知っている人と、いつもの環境で、なじみの活動を行う時に、主体性を発揮します。いつも遊んでいるおもちゃの方向に目を向けたり、次にくすぐられることを予測して笑ったりします。子どもは、なに？ どこ？ だれ？ がわかる安定した世界で、自信をもって主体性が発揮できます。

③ 子どもの見え方、きこえ方、用いている感覚など実態把握の情報を活かしましょう

例えば、見えにくさのある子どもにとっては棚や遊具などの配置を固定したり、見えにくさを軽減して大事なものを見えやすくしたり、触って確認できる場所の手がかりを使う等の配慮が必要です。「その子どもにとってわかる」という視点で生活・学習環境を組み立てましょう。

具体的な実践に向けて使えるツールポイント

子どもが生活・学習する環境は、安全面・衛生面の配慮がなされ、子どもが必要なものにアクセスできる環境であることが大事です。加えて、その子にとって「なに？」「どこ？」「だれ？」がわかる環境であるかを見直しましょう。

① その子どもにとって大事なものを自分で見つけやすい工夫がなされていますか？

好きなおもちゃ、お気に入りの本、自分のカバン等、子どもにとって大事なものを、子ども自身が見つけやすい工夫がなされていますか（マイブームのおもちゃをいつも同じ場所に置くこと、連絡帳に子どもが見えやすい蛍光紙を貼ること、等）。

② その子どもにとってわかるスケジュールが用意されていますか？

朝の会の時、集団で一日のスケジュールを確認する時に、写真カードを使っている場面をよく見かけます。写真カードで内容が伝わりにくい子どものためにも、その子どもにわかる形でスケジュールが用意されていますか（触ってわかる手がかり、活動の歌、等）。

③ その子どもにとって大事な人がわかる工夫がありますか？

見えにくさ、きこえにくさのある子どもには、そばにいる人が誰なのかがわかりにくい場合があります。子どもがわかる方法で側にいるのがだれなのかを伝えているでしょうか（同じ色の服を着る、同じ香水をつける、ブレスレットなどのネームサインを触らせる、その人がわかるテーマソングを歌う、等）。

④ その子どもにとって大事な場所がわかる工夫がありますか？

車いすで移動する時、子どもがどこに何をしに行くのかを理解する手がかりがありますか。今どこにいるのかがわかる工夫がありますか（のれんなど教室の入り口の手がかり、等）。

⑤ その子どもが活動しやすいよう環境の感覚刺激は調整されていますか？

子どもがわかって活動できる音、光、温度などの環境における刺激は適切でしょうか（カーテン・間接照明などまぶしさを軽減する配慮、きかせたい音がきこえる音環境の配慮、等）。

⑨ 環境面のアセスメント

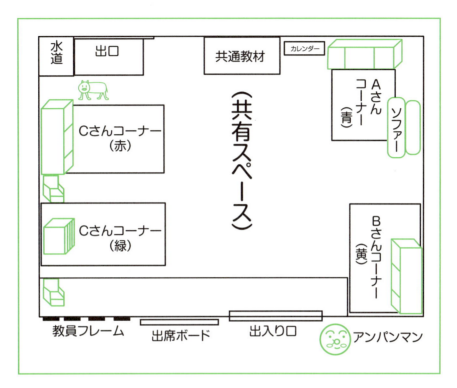

一人一人のコーナーを用意した教室環境の様子

これを実践してみたら……

先生は教室環境を見直し、子ども一人一人に休憩したり、スケジュールを確認したり、自分の大事なものを置いたりするコーナーを作りました。見えにくさのあるエミリさんですが、見え方についてのアセスメントの結果、赤い色は比較的見えやすいことがわかりました。エミリさんのコーナーのマットを赤い色にすると、エミリさんは自分のコーナーに行きたい時、そちらに目を向けて教えてくれるようになりました。お気に入りのコーナーで横になると安心したような表情になり、好きなアンパンマンのおもちゃに手を伸ばす様子が見られるようになりました。また、赤い服を着た担当の先生を目で追ったり、来てほしい時に赤い服を着た先生を見たりする等、エミリさんが意思を表しそれが先生に伝わることが増えてきました。コーナーにはエミリさんのスケジュールもあります。帽子＝お散歩（外）、給食袋＝給食（給食室）、小さいボール＝からだ遊び（体育館）など、どこに何をしに行くのか、がわかる手がかりも増えてきました。

こんな場合を考えてみましょう！

ショウさんは、教室では自分のマットに仰向けになる姿勢が多いのですが、仰向けになるとすぐに目をつぶり、眠ってしまうことが多いです。視機能のアセスメントを行った結果、ショウさんはまぶしさを強く感じていることがわかりました。担任の先生は、「まぶしさの軽減」という視点から、ショウさんの教室での生活・学習環境を見直しました。ショウさんのスペースの真上の蛍光灯に不燃紙の覆いをかぶせて間接照明にしたり、カーテンをひいたりすることで、教室で目を開けることが増えてきました。

環境面のアセスメントを行うにあたり、子ども自身の状態や持っている力を知ることの重要性について、考えてみましょう。

⑨ 環境面のアセスメント

もっと知りたい人はこちら

1) 国立特別支援教育総合研究所（2009）重複障害児のアセスメント研究：視覚を通した環境の把握とコミュニケーションに関する初期的な力を評価するツールの改良．平成20年度　専門研究A研究成果報告書．
2) 中澤惠江（2000）障害の重い子どものコミュニケーションと環境をめぐって．肢体不自由教育，146，20-29.
3) 齊藤由美子（2010）障害の重い子どもの自己決定の力を育むために．障害の重い子どもの授業づくり Part 3：子どもが活動する「子ども主体」の授業を目指して（飯野順子編著）18-37，ジアース教育新社．
4) Siegel-Causey, E., & Bashinski, S. (1997) Enhancing initial communication and responsiveness of learners with multiple disabilities: a tri focus framework for partners. Focus on Autism and Other Developmental Disabilities, 12, 105-120.

＊本書の「Ⅰ-4　生活場面におけるコミュニケーション活用の状況」「Ⅰ-6　感覚障害（視覚）がある場合の行動観察の観点」「Ⅰ-7　感覚障害（聴覚）がある場合の行動観察の観点」、その他の実態把握に関する項目も参照してください。

I 実態把握

10 子どもの興味関心のアセスメント

こんなことはありませんか？

エミリさんは、小学4年生です。人とかかわることが大好きで、慣れ親しんだ人には表情や声で気持ちをアピールしますが、新しい人には上手に表情や声を出すことができません。

4月、新担任の先生は、エミリさんの表情や声があまり出ないので、何に興味関心をもっているかわかりにくく、どのような学習内容にすればよいか悩んでいます。

 ここがポイント！

子どもの興味関心を学校生活だけで把握することは容易ではありません。保護者への聞き取りの方法を工夫することで、子どもの興味関心（好きなものや馴染みのある活動など）のヒントを知り、子どもにとって主体的な学習や活動へとつなげていきましょう。

⑩ 子どもの興味関心のアセスメント

このように考えてみましょう

　興味関心のある事柄とは、子どもが主体的に学んでいく状況をつくるための材料になります。まんべんなく様々な事柄で取り組み始めるよりも、興味関心のある事柄をきっかけとして活用することで、主体的に学ぶ意欲が高まります。しかし、手厚い支援を必要としている子どもについては、学校生活の中だけで興味関心のあることを探っていくには難しい場合があります。そこで、計画作成にあたって、保護者に事前にアンケートを行い、子どもが好きなものやなじみのある活動等のヒントを集めてみてはどうでしょうか。保護者との連携で得た情報は子どもの実態を知るうえでとても重要です。

　また、保護者が子どもの好きなものがわからないという場合もあると思います。その時は、今までの馴染みのある活動の中から、保護者と一緒に興味関心のヒントを見つけていく等の視点も大事です。

①教員にとっての利点

　新年度の最初に、これらのアンケートで興味関心のある事柄を知り、活動計画のヒントとして活かすことができます。質問項目はシンプルですが、項目ごとに尋ねることで、より効率的に情報を得ることができます。また、質問の回答をもとに保護者と話をし、気になる内容をさらに深く聞くことができて、保護者との焦点を絞った話し合いがスムーズにできます。さらに、担任と子どもが互いに緊張しがちな新年度に、子どもが好きだったり慣れていたりする活動から始められることで、子どもが安心して新しい先生・友だちや環境になじむこともできるでしょう。

②保護者にとっての利点

　どこに何を書けばよいか最初は戸惑いますが、書き出してみると、子どもの姿を改めて考えることができます。また、見過ごしていたことも気づくかもしれません。さらに、口頭での情報交換では言いそびれてしまうこともありますが、アンケートを落ち着いて書くことでそのような心配が少なくなります。そして、新担任にも、よりスムーズに子どもの興味関心などの情報について知ってもらうことができます。

③両者にとっての利点

　このアンケートを用いた検討を通して、子どもにかかわる人が、子どもが何に興味関心があるのかを共有し、互いに子どもへの理解を深めることができます。

Ⅰ 実態把握

具体的な実践に向けて使えるツールポイント

　興味関心にかかわるアンケートを、例えば、次頁のようなフォーマットで保護者に書いてもらいましょう。保護者にとって、気軽により多く書くことができるように、また、教員にとって、効率的に指導に活かすことができるような情報が集められるように、質問項目を工夫しました。

　保護者が書きづらそうにしている場合は、アンケートをもとにして、聞き取りながら記入し、話を進めていくとよいでしょう。また、保護者と相談しながら、学校での教育活動を通して「子どもが興味関心のあるものを学校でつくっていく・増やしていく」という視点も大切でしょう。

　このアンケートを読みとる時にいくつかのポイントがあります。①③④⑤の質問では、好きなもの／人／場所を、⑧は理解していると感じるエピソードを聞いていて、保護者の主観性が高い内容です。保護者に答えてもらいやすいようにこのような質問内容にしていますが、これらの質問の答えについては、確かめが必要です。本当に好きなのか、好きならばどのように好きなのか等を一歩深めて読みとることが、主体的な学習の展開につながります。

　②⑥⑦の質問は、客観性がより高いと考えられる内容で、比較的すぐに活用できるでしょう。これらの中から、子どもが主体的に活動できる材料の『ヒント』を探すという視点を大事にしましょう。

　また、学校でも複数の教員で分析を行い、保護者記入のものと合わせて考えることで、子どもについての理解がより深まると考えられます。

⑩ 子どもの興味関心のアセスメント

《 エミリ 》さんへ インタビューです

たくさん知りたいなぁ♪　　　　　　　　　　　　　　　２５年７月１５日

① 好きな遊びや状況は何ですか？
（どうして好きだと思いますか？）

・本
・水遊び
　よく声が出ている

② よく見たり聞いたりすることは何ですか？

・DVD（ゴールデンボンバー、嵐 AKB48）
・アニメ
　（ちびまるこちゃん、サザエさん）
・テレビ番組（グルメやバラエティ）

③ 落ち着いたり安心したりすること
（もの・活動）は何ですか？
（そのときはどのような様子ですか？）

・音楽を見たり聞いたりすること
・散歩
　ほっとしているようです

④ 好きな場所や落ち着く場所はどこですか？
（そのときはどのような様子ですか）

・祖父母の家
・公園
・スーパー

⑤ 好きな人や落ち着く人は誰ですか？
（その人が近づいてきたことを何で判断していると思いますか？）

・兄弟　足音
・祖母　めがね
・デイサービスの人　車の音

⑥ 苦手なことやきらいなこと
（飲み物・もの・活動・場所等）はありますか？
（どうしてそう思いますか？）

・病院（歯科受診）
・自分の嫌いなものを見せたら嫌な顔をする。

⑦ 慣れ親しんでいる
"おなじみ"の活動はありますか？
（それは、いつ行っていますか？）

・散歩　土曜日

⑧ 状況がよく分かっているなぁと感じた場面やエピソードはありますか？

・出かけていて多くの人がいて順番を待っているとき、不機嫌にならずに待っている。
　　　　　　　　　　（買い物、病院）
・兄が母に叱られているとき、見て見ぬふりをする（エミリにとって泣いたり騒いだりしたら、まずいと思っているのかもしれない。）

これって、どこに書くのかなぁ？という事柄もあると思います。重なることもあると思います。場所や重なることは気にしないで、どんどん書いてみてください！（　）の中の質問は、詳しく知りたいポイントです♪書けたら書いてください。どれもが、アイデアの宝です☆

Ⅰ　実態把握

これを実践してみたら……

　新担任の先生は、質問項目②や③をヒントに、エミリさんがDVDを見る場面でコミュニケーションの学習を設定することにしました。よく見たり聞いたりしていることを取り入れることで、エミリさんがより主体的にコミュニケーションをしようと意欲をもつことができると考えたからです。実際、「エミリさんが、好みの動画に変えてほしい時に、相手のそばまで行くことで、その気持ちを伝える」という目標を立てることができました。

　アンケートから、エミリさんが好きなDVDの種類や楽しんでいる時の様子がわかり、学校での学習活動を設定する時の参考になりました。意欲が高まる学習活動を設定できたことで、エミリさん自身の身体の動きが引き出され、拒否や要求がわかりやすくなりました。また、そのDVDのなかでもエミリさんが気に入っている場面がどこかがわかり、その情報を家庭と共有することができました。

⑩ 子どもの興味関心のアセスメント

Ⅰ 実態把握

こんな場合を考えてみましょう！

　ケンタさんは「電車が好き」であること、「いつもの散歩コースで、線路が見える場所で、電車が通るまで待つのが日課であること」をお家の方から聞きました。ケンタさんは、他の友だちと同じドリルで文字、数、色の学習をすることは難しいのですが、先生は、保護者からの情報をヒントに、好きな電車を使ってケンタさんの文字、数、色の学習ができないかと計画しています。

　ケンタさんにとって、お友だちと同じドリルではなく、自分が好きなことを題材にして学習ができることには、どんな意味があるでしょうか。考えてみましょう。

もっと知りたい人はこちら

1)　久蔵幸生（2013）指導に生かしたい「好み」のアセスメント．特別支援教育研究, 668, 20-21.

Ⅱ 保護者との連携・専門職との連携

手厚い支援を必要としている子どもの保護者との連携・専門職との連携

　障害のある子どもの教育において、保護者との連携、専門職との連携は大変重要です。子どものニーズが多岐にわたり、それに応えるために多くの支援を要する子どもでは、この保護者との連携、専門職との連携の重要性はより増してくると考えてよいでしょう。学校等で一般的に「保護者との連携」「専門職との連携」という時には、「連携」という同じ言葉を使っていますが、その意味するところは異なるように思います。

 保護者との連携・専門職との連携の意味

① 保護者との連携

　ここでいう連携という意味は、子どもを共に育てるパートナーとしての連携です。本書「ぱれっと」の基本的な考え方では、重い障害のある子どもを、「家庭・学校・地域において、環境との相互作用の中で学び生活する学習者であり生活者である」という視点でとらえていますが、手厚い支援を必要としている子どもが生活し学ぶためには、子どもの側にいる人からの支援が不可欠です。家庭では保護者をはじめとする家族のメンバーが、学校では担任をはじめとする教員がその役割を担うことが多いでしょう。このような子どもについては、生活をトータルで把握することが必要であることは述べましたが、教員と保護者との、子どもを共に育てるパートナーとしての連携が必要となってきます。

　もちろん、家族のリーダーである保護者と、学校教育として子どもにかかわる教員の役割は違います。子どもの教育に関する主体性は保護者にあります。教員には、教育の専門家として十分な情報を提供し、保護者が主体性をもって様々な判断ができることを支える、という役割もあります。これも重要な保護者との連携の要素です。エンパワメント、という言葉がこれにあたります。

② 専門職との連携

　ニーズが多岐にわたる子どもとその家族は、学校以外でも様々な専門家とかかわっています。いうまでもなく、子どもの障害がわかった時点から、子どもと家族は学校に入学する前から様々な医療関係者、福祉関係者とかかわってきています。保護者にとっては、学校に入学することによって、新たな「教育の専門職」との出会いを経験することになるのです。

数多くの異なる領域の専門職とそれぞれに対応することには、大きな負担を感じている家族もいることでしょう。また、それぞれの専門職がそれぞれの領域における目標を掲げて子どもと保護者に対応することは、子どもと保護者にとって良い結果を生まない場合もあります。

このように考えると、重い障害のある子どもとその家族にかかわる専門職が情報交換や協議をしながら、子どもと家族のQOLを支える支援を行うことが、大変重要な意味を持ちます。「専門職との連携」にはこのような意味があります。

この、専門職メンバー同士の連携において、学校の教員の立場は、日常的に近い位置で子どもと家族にかかわっているという、特別な立場にいます。専門職からの専門性の高い情報を、日常の学校生活や学習にどのように反映していくか、保護者にどうアドバイスするか、ということを考慮している教員も多いことでしょう。この意味で学校の教員は、専門職同士の連携の際に、その連携をコーディネートする役割を担うことが多くなります。これも専門職との連携の重要な要素です。

②　本書「ぱれっと」で紹介する「保護者との連携・専門職との連携」の視点

保護者と連携する際、子どもの見方や価値観を理解することはとても重要です。そのためには子どもと家族が歩んできた歴史を知って、保護者の立場に立って一緒に考える、という姿勢が望まれます。「1　保護者の理解と本人受容の視点」ではその考え方を紹介しています。

関連して、「2　家族のエンパワメント」では、子育ての主体である保護者が、その主体性を発揮できることを支えるために、教育の専門家である教員ができることは何か、を紹介しています。

子どもと家族がかかわっている、様々な専門職との連携において、教員はどのような役割を果たすのでしょうか。「3　専門職との連携」では、それぞれの専門職の情報を子どもの生活の質の向上のための教育活動として組み立てる、という視点を提供します。

最後に、子どもの状態についてより深く理解するためには、医療関係者から必要な知識や情報を得ることが大変重要です。「4　医師との連携の視点」では、子どもの生活の中でそれらの助言を活かしていく視点について紹介します。

もっと知りたい人はこちら

1) 今川忠男（1999）発達障害児の新しい療育：子どもとその家族の未来のために，三輪書店．
2) 中田洋二郎（2002）子どもの障害をどう受容するか 家族支援と援助者の役割，大月書店．
3) Porter, L. & McKenzie, S.（2005）教師と親のコラボレーション（堅田明義監訳）田研出版．

Ⅱ 保護者との連携・専門職との連携

保護者の理解と本人受容の視点

こんなことはありませんか？

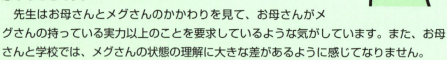

　メグさんは中学1年生になり、担任の先生も変わりました。先生の悩みは、連絡帳などでお知らせする学校でのメグさんの学習の成果を、お母さんがあまり評価してくれていないように感じることです。

　先生はお母さんとメグさんのかかわりを見て、お母さんがメグさんの持っている実力以上のことを要求しているような気がしています。また、お母さんと学校では、メグさんの状態の理解に大きな差があるように感じてなりません。

　周りの先生からは「お母さん、障害受容ができていないね。」という声も聞かれ、担任の先生は寂しく感じています。

ここがポイント！

　保護者が障害のある子どもを受容するには様々な段階があること、またその段階が繰り返されることを理解しましょう。保護者の価値観の背景にある家族の歴史を理解し、保護者と共に子どもを育むパートナーとして連携・協働する視点が大切です。

このように考えてみましょう

子どもに障害があることを知った時、多くの保護者は悲しみ、失望します。保護者が、障害のある子どもを持った時点から、現在の価値観や子どもの見方を形成するに至った背景には、子どもと家族の歴史があります。

① 「障害受容」の段階的モデル

子どもに障害があることを知った保護者は、抵抗期、調整期、適応期の段階をたどって「障害受容」に至るという理論があります。「抵抗期」の保護者は、ショックや否認、強い悲嘆、責任の押しつけ、罪悪感などの感情を示します。「調整期」の保護者は、強い落ち込みや孤独を感じています。子どものニーズに完璧にあった福祉や教育サービスがないことを知ると怒りの気持ちが生じることもあります。また、子どもの訓練等に執着的な熱心さを示すこともあります。「適応期」の保護者は、まさに今の子どもの状態を受け入れ適応しています。困難に立ち向かい、現実的な生活設計や、期待の立て直しを行うことができます。

② 段階的モデルの利点と限界

この段階モデルを知ることは、障害のある子どもを持つ家族の歴史を理解するための一つの手がかりとなるでしょう。一方で、すべての保護者がこの段階をたどるという思い込みは危険です。さらに、適応しているように見える保護者でも、入学、兄弟の結婚などのライフサイクルの節目や、なじみの担任の交代等のきっかけで、悲しみの感情が戻り、以前に経験してきた段階を繰り返すことがあります。

③ 「障害受容」ではなく「本人受容」

保護者が受容するのは「障害」ではなく、「その子ども本人」であるという考え方があります。教員は、保護者と共に子どもを受容し育むパートナーである、という意識を大事にしましょう。

具体的な実践に向けて使えるツールポイント

保護者との連携にあたっては、次のような視点を大事にしましょう。

① 段階的モデルを通した保護者理解と支援

担任と保護者に思いのズレがあると感じた時には、なぜ保護者はそのような発言をするのか、その背景にあるものは何なのかを丁寧に考えてみましょう。「障害受容」の段階的モデルは、保護者の価値観や子どもの見方が、家族の歴史や様々な経験を背景に形成されており、そしてそれは進化の途中であることを教えてくれます。その価値観や見方の背景にあるものを理解することから、連携はスタートします。

また、専門家や教員の何気ない言葉や対応に、保護者の悲しみや怒りがより深まることがある、ということも心に留めましょう。

② 保護者にとって学校の環境変化が持つ意味の理解

適応期にある保護者でも、入学、進学、担任の交代など、学校生活の様々な節目は過去を振り返るきっかけにもなり、大きなストレスとなる可能性があることを理解しましょう。また新しく出会う教員が保護者と子どもにとってどのような存在となるかは、家族にとって大きな不安でもあり、期待でもあります。

③ 家族の歴史を知り保護者の思いに寄り添うこと

例えば、子どもが小さいころの写真を通して、成育歴、家族に起こったできごと等を語ってもらうことにより、当時の保護者の思いを知り、また、子どもと家族の歴史や価値観を知ることができます。保護者の思いを完全に理解することは難しくとも、保護者の思いに心を馳せ、寄り添う姿勢は、保護者にも伝わることでしょう。それは、共に子どもを育むパートナーとして連携・共働するための一歩となるでしょう。

④ 教員としての専門性

保護者が「その子どもの今の状態を受容すること」は、「現実的な生活設計や期待の立て直し」と密接に関連しています。教員の専門性は、その子どもが今持っている力を見出し、生活の中でその力が発揮できるよう環境調整を行い、さらによりよく生きる力を育むことです。また、子どもの将来の適切な見通しを保護者と共有しながら、その子どもなりのゴールに向かって今を共に歩むことです。このような教員の専門性を発揮しながら保護者と連携することが、保護者が子どものありのままを受容することにもつながっていくでしょう。

① 保護者の理解と本人受容の視点

これを実践してみたら……

家庭訪問の際、メグさんの生活の様子を見た先生は、メグさんが家庭でとても大事にされている存在であることを感じ、それを言葉にしました。お母さんはメグさんが生まれた日のことや、病院に入退院した時にはおばあちゃんの協力がとても力になったこと等を話してくれました。そして、今の悩みとして「自立させたいができないことが多く、中学部に上がったのに……と焦りやジレンマを感じている」ことを話してくれました。

うなずきながら話を聞いてくれる先生に、お母さんも安心したようです。この後、お母さんとは少しずつ話しやすい雰囲気ができるようになり、お母さんの話に、メグさんの家庭での成長ぶりの話題も加わるようになりました。

こんな場合を考えてみましょう！

エミリさんは毎週1〜2日学校を休んで、病院のPT、OT、STの相談に通う他、お休みの日には保護者グループが主催する訓練会にも通っています。エミリさんもお母さんもとても忙しそうで、エミリさんの学校での学習が途切れがちなことが心配です。

お母さんがエミリさんの訓練等に一生懸命になることには、どんな背景があることが考えられるでしょうか。また、どのようにこのお母さんと連携しますか。

もっと知りたい人はこちら

1) 中田洋二郎（2002）子どもの障害をどう受容するか：家族支援と援助者の役割，大月書店．
2) Porter, L. & McKenzie, S.（2005）教師と親のコラボレーション（堅田明義監訳）田研出版．
3) Turnbull, A. & Turnbull, R., Erwin, E., & Soodak, L.（2006）Families, professionals, and exceptionality: Positive outcomes through partnerships and trust. Peason Merrill Prentice Hall.

Ⅱ　保護者との連携・専門職との連携

2　家族のエンパワメント

こんなことはありませんか？

　エミリさんは、今、小学2年生です。
　学校ではひもを引っ張って箱のふたを開けるなど、できるようになったことが増えて、保護者も喜んでいました。
　そこで担任の先生は、面談の時に、学校で学習している教材をお母さんに見せて、「せっかく学校でできるようになったので、家庭でもやってみてください」とお願いしました。
　お母さんはその時は「そうします」とは答え、一度はやってくれたものの、その後、家で取り組んでいる様子はありません。折に触れて話をしてみましたが、気が進まない様子です。

ここがポイント！

　「家族」が子どもにとって大事な環境であることを理解し、子どもの生活の質と共に、家族の生活の質も考慮しましょう。
　また、家族をエンパワーする（家族が主体性を発揮し自己効力感をもつことができるよう支える）支援のあり方を検討しましょう。

このように考えてみましょう

　学校の教員は「家庭が子どものために学校に協力することはあたりまえ」と考えがちです。しかし、家族の立場になって考えると、以下のようなことを念頭に置いておく必要があるでしょう。

① 子どもと家族に影響を与える環境（外的な影響）

　「家族」は、子どもの生活と成長を支える大切な環境であることは言うまでもありません。その家族は、地域社会による様々なサポートや、社会の仕組みや価値観など、避けられない力を背景にして機能しています。

　下の図を見ながら、子どもと家族に影響を与える環境を考えてみましょう。子どもと家族の関係が円の中心で、それを取り巻くのが友人や隣人、教員などの専門家です。その外側には学校や病院等、子どもと家族の支援基盤となる地域の機関があります。これらの層のどこか一か所でも変化すると、子どもと家族の生活に影響を与えるのです。

　手厚い支援を必要としている子どもがいる場合には、子どもに障害がない場合と比べると、家族に影響を与える環境の要素やその重みづけが、異なってくることに気づくでしょう。

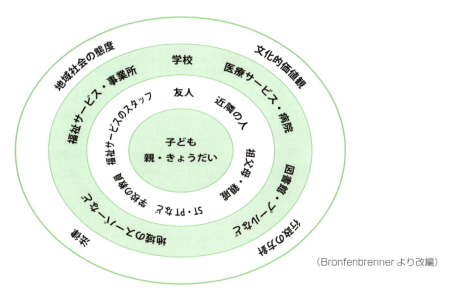

（Bronfenbrenner より改編）

子どもと家族に影響を与える環境

② **家族の機能と家族システム（内的な影響）**

次に、家族の内的な影響に目を向けてみます。「家族」の機能には、家族メンバーの基本的欲求（衣食住と安全）を満たすこと、子どもを育て社会化すること、などがあります。それぞれの家族メンバー（きょうだいや祖父母含む）は各自のニーズを持っていて、それは当然満たされるべきです。

障害のある子どものQOLのみを考慮した計画を立てることで、他の家族メンバーや家族全体のQOLを阻害してしまうことがあるかもしれません。また、通常、家族は子どものライフステージ毎に新たな課題に直面しますが、そこに障害に関する課題が加わると、家族には同時に多くの複雑な問題解決が必要となる状況が生まれます。

子どもに障害がなければ、保護者が子どもの世話や家事に追われる期間は、子どもが小さなうちの比較的短い間で終わります。保護者は「この時期が終われば少しは楽になる。」と見通しをもつことができます。

ところが、手厚い支援を必要とする子どもの家庭では、子どもが年齢を重ねていっても、洗い物が増え、清潔を維持することに配慮し、量・栄養バランス・形態等を考慮した食事の準備をする、といった世話や家事が続きます。また、成長とともに増える投薬、度重なる通院や入院など、家事の面、医療的な処置の面などで、身体的、心理的な辛さが絶えずある場合があります。そんな中で、子どもが毎日学校に登校することにも、大きな労力を払っている保護者も多いことでしょう。

毎日の忙しさの中で、自分の子どもを見つめていると、障害があることによる生活の困難さが強調され、そこに目がいきがちになりやすいかもしれません。わが子の少し先の姿を考えると、「こんな将来になったら素敵だな。」という姿より「こうなったらどうしよう。」という不安なことや「もう大変、こんなはずじゃなかったのに。」というマイナスの印象の姿の方が浮かびやすいかもしれません。

③ **教員をはじめとする支援者の役割**

教員をはじめとする支援者は、手厚い支援を必要としている家族が直面している複雑な問題に気づくことが大切です。そのうえで、家族の主体的な問題解決を支えることを意識しましょう。その子どものいいところや可能性を十分保護者の方と話し合いながら、保護者が「こうなってくれたらうれしいな。」という将来の夢や具体的な姿が描けるように支援し、前向きに動くことができるようにすることは支援者の大きな役割です。

●●●●● 具体的な実践に向けて使えるツールポイント ●●●●●

　学校や教員が家族全体に与える影響力は大きいものです。一方で、教員の存在は、保護者に比べたら子どもの人生にとって小さな、第三者に過ぎないことを自覚することも必要です。

　教員が、家族の支援者として果たすべき役割は、家族、とりわけ保護者の主体性や自己効力感を支え、家族がうまく機能するように支援すること（家族のエンパワメント）だと言えます。

① 「助けてあげる」ではなく、協働と連携の姿勢をとる

　教員が、障害のある子どもの保護者について「助けてあげるべき存在」という先入観を持つことは危険です。教員しかできない専門性を強調することで、保護者が自信をなくし依存的になるなど、子育ての主体者としての役割が弱まってしまうこともあります。あくまで、保護者を支え、共に子どもを育てるパートナーとしての姿勢が大切です。

② 保護者を尊重し、保護者の目標に取り組む

　人を尊重するということは、誰にでも自分の考えがあり、それには何らかの根拠があると認めることです。保護者の考え方に同意できない場合でも、なぜそう考えるのかに思いを寄せましょう。また、家族が直面する問題を認識し、保護者の今後の見通しや目標を共有しましょう。

③ 個別ニーズと家族のニーズのバランスをとる

　教員は障害のある子どものニーズを優先して考えますが、保護者にはきょうだいなど他の家族メンバーのニーズにも対応する責任があります。教員は家族の状況を理解し、家族が健全に機能できるよう、個別ニーズと家族全体のニーズのバランスを考慮する必要があります。

④ 他の専門職との連携を調整し、情報を提供する

　中には様々なサービスの多さに圧倒されてしまう保護者もいます。保護者自身がコントロールしている意識が持てるように専門職との連携を調整したり、役立つと思われる情報を提供したりすることも、保護者の主体性や自己効力感を支えることにつながります。

これを実践してみたら……

お迎えに来たお母さんと世間話をしているうちに、エミリさんの小学4年生のお姉さんを叱ったところ「お母さんは、いつもエミリのことばっかり見てる……と言われた」という話になりました。お母さんは、家にいる時はエミリさんのお世話にかかりきりのことが多く、エミリさんの通院や学校の用事で出かけることが多いため、「お姉さんにあまりかまってあげられない」と、自分を責めている様子です。

先生は、「学校の教材を使って家庭でもやってみて」とお願いしたことが、お母さんにとっても家族にとっても、かなり負担になっていたことに気づきました。そして、お母さんと一緒に、お姉さんがお母さんを独り占めして過ごせる時間をどうしたら作れるか、頭をひねりました。

翌日、お母さんは、「夜寝る前の時間、塾への送り迎えの車の中の時間を、お姉ちゃんのためだけの時間に使うことにしました。」と、明るく教えてくれました。先生は、時期を見て、エミリさんがまだ使ったことがないレスパイトサービスについて、お母さんに紹介してみようと考えています。

② 家族のエンパワメント

こんな場合を考えてみましょう！

　中学3年生のケンタさんは食べ盛りです。食べ過ぎて体重が増え、校医さんからも体重のコントロールが必要だと言われました。学校の給食では、厳しいルールを決めて守るようにしていますが、その反動で、お家で食べてしまうようです。お母さんに「家庭でも食事制限をしてください。」と相談しましたが、食べている間は機嫌よくしている、ということもあり、難しそうです。家族のエンパワメントの視点で考えた時、学校としてできる支援はどんなことでしょう。

Ⅱ　保護者との連携・専門職との連携

もっと知りたい人はこちら

1) Bronfenbrenner, U.（2005）Making human beings human : Biological perspective on human development. Sage Publishing.
2) Porter, L. & McKenzie, S.（2005）教師と親のコラボレーション（堅田明義監訳）田研出版.
3) 遠矢浩一（2009）障がいを持つこどもの「きょうだい」を支える：お母さん・お父さんのために　ナカニシヤ出版.
4) Turnbull, A.& Turnbull, R., Erwin, E., & Soodak, L.（2006）Families, professionals, and exceptionality: Positive outcomes through partnerships and trust. Peason Merrill Prentice Hall.

Ⅱ 保護者との連携・専門職との連携

3 専門職との連携の視点

こんなことはありませんか？

　エミリさんは、トランポリンや散歩が大好きな小学4年生です。隣接する医療療育センターでは、理学療法（PT）、言語療法（ST）を受け、主治医のいる病院で摂食指導を受けています。
　担任の先生は、教育活動を行うにあたって、もっと専門的な知識や技術の必要性を感じ、専門機関で取り組んでいる内容を、学校での指導にも役立てたいと考えています。
　しかし、それぞれの専門家の様々な視点をすべてとり入れるのは難しく、もらった情報をどのように整理していけばよいのか悩み、校内のコーディネーターの先生に相談しました。

ここがポイント！

　子どもの状態についてより深く理解するために、専門職から必要な知識や技術などの情報、助言を得ましょう。それらを子どもの生活の質の向上のための教育活動として組み立てましょう。

このように考えてみましょう

　手厚い支援を必要としている子どもの実態を的確に把握して効果的な教育を行うために、専門職との連携は欠かせません。子どもの発達や成長と併せて子どもの生活の質を向上させるためには、学校が、専門職や関係機関と協力関係や信頼関係を構築して連携が図られるようにコーディネートしていく必要があります。それぞれの専門的な立場から、専門性を十分発揮し合い、協力して課題解決に向けて取り組んでいくことが重要です。

　子どもが専門機関で機能や能力の維持・向上のために受けている指導内容をそのまま学校での指導として展開するのではなく、それを学校での学習や生活場面の中で子どもの「活動」や「参加」の姿を考えた指導に展開していくことが大切です。

　専門機関から得た知識や助言等を子どもの生活の文脈の中で整理し、ICFの視点と個別の教育支援計画を活用して、教育活動を組み立てていきましょう。また、関係者の間で必要な情報や支援の方法等を共有し、子どもの生活の中で活かせるようにしましょう。

具体的な実践に向けて使えるツールポイント

① サポートブックを作成・活用しましょう

　生活の質の充実のために、専門職や関係機関から得た知識や助言等を参考に支援・指導してきた内容をサポートブックにまとめ、実際のかかわり方を共有し、支援や指導の継続のために活用しましょう。

　作成したら関係者間で共有し、必要な情報が抜けていないか、わかりやすいかなどを確認し、改良を加えながら、学校・家庭・施設など子どもが活動する場で活用していきましょう。

サポートブックに記載される情報の例

① 教育場面での積み重ねや成果（子どもの活動等）
② 子どものプラスの面での特徴や性質
③ 生活面（食事の形態、介助方法、排泄の方法・排痰の仕方等）
④ 身体面（移動・姿勢保持等）
⑤ 行動面（情緒面の特徴・配慮や対処の仕方）
⑥ コミュニケーション面（発信の仕方・コミュニケーション手段等）
⑦ 健康・医療面（医療的ケア・てんかん発作・服薬等）
⑧ 家庭環境等配慮する点や留意点等

---

② 支援会議を開催しましょう

　保護者を含めた関係者が一堂に会し、生活の質の向上を目指して共通の目標をもって支援できるように、支援の方向性を確認し、課題の焦点化と役割分担を行いましょう。

　支援会議を行うことによって、子どもの身体面や健康面、学習や生活全般に関する情報を関係者が共有することができます。各専門職が目指している具体的な指導内容がわかるだけでなく、目指す子どもの姿を共有し、共通の目標を達成するために、それぞれの専門的な知識や技術を共有し、活用できます。

　共通の目標を達成するために、各専門職はどんなことをするのか、それぞれの専門性を生かした役割分担を行います。

　顔を合わせることで、連帯感や信頼感が生まれ、連携しやすくなります。

　支援会議では、子どものできる活動やしている活動の他、プラスの面からの子どもの良さや強みなども考えていきましょう。その上で困っていることや、伸ばしたい力などを明らかにし、さらに、どんな補助具や支援機器、どんな人やサービスなどの支援があれば課題が達成されるのかを話し合うことで、課題達成に向けての検討がよりスムーズになるでしょう。

　話し合われた内容を、「個別の教育支援計画」に

支援会議の進め方の例：付箋紙とICF関連図を活用した例

（1）参加者の自己紹介、本日の支援会議についての目的の説明。

（2）担任から児童生徒の現状説明。

（3）質問、補足等。

（4）参加者（担任、保護者、PT、ST、施設職員等）それぞれの立場から、子どもの「参加・活動」の視点からの「願い」（3年後の目指す姿）について付箋紙に書き出したものを発表。

（5）付箋紙に書き出した「願い」をICF関連図に貼っていく。
　　　※同じような「願い」は、つなげていく。

（6）（5）で出された「願い」に優先順位を付け大事なものを3つから4つくらいにしぼる。

（7）「参加・活動」の視点からの「願い」について、各関係者から現状について付箋紙に書き出したものを発表し、ICF関連図に貼っていく。

（8）本人の気持ち（本人の立場で）、環境因子、個人因子、健康状態、心身機能面等の現状について付箋紙に書き出したものを発表。

（9）（8）で出された「本人の気持ち」等をICF関連図に貼っていく。

（10）関連事項の整理
　　　関連している項目（○○だから○○につながっている）を→で結ぶ。
　　　相互に関連している項目を⇔で結ぶ。

（11）「参加・活動」の視点からの「願い」を実現するための目標や支援・指導内容（1年間）、支援の担当者を決める。

（12）再検討日を記入する。

整理することにより、子どもの生活場面に即した指導につなげていくことができます。また、役割分担をして取り組んだ結果についても話し合っていきましょう。

これを実践してみたら……

担任の先生は、コーディネーターの先生と一緒にエミリさんの支援会議を開くことにしました。PT、ST、放課後利用している施設の介護スタッフ、保護者等に集まってもらい、エミリさんの現状の把握と課題について焦点化する話し合いを行いました。会議には参加できない主治医や専門職からもあらかじめ必要な情報を集めておきました。そして、専門的な立場から助言を得ながら、エミリさんの「大好きな物を使ってやりとりし、コミュニケーション手段を獲得すること」、食事では、「一口の量の調整と口唇閉鎖の支援を受け、安全に食べること」の大きく2つの目標を焦点化しました。

また、係活動を行う時の姿勢に関してPTから助言を受け、「安定した立位姿勢の保持」という訓練内容を、「片手支持しながら立位で洗濯物をとる活動」に活かしていくことにしました。

言葉かけに関しては、「ダメ」などの否定的な言葉ではなく、やってほしい行動を具体的に伝えるなど、エミリさんへのかかわり方を確認し合いました。

その結果、学校、家庭、施設で、目標の達成に向けて、同じ働きかけや言葉かけで支援や指導ができるようになりました。エミリさんは、どこでも同じような支援を受けることで、情緒的にも安定してきました。また、「ほしい」という要求行動もでてくるようになってきました。関係者が一堂に会して共通の視点から話し合いをもつことで、エミリさんの生活の文脈の中での支援や学校での具体的な活動に結びつけることができました。担任や施設のスタッフにとっても貴重な情報が得られ、課題解決の大きな助けとなりました。

また、お母さんは、サポートブックを作成して活用したことで、エミリさんの生活のいろいろな場面で同じように取り組んでもらえることができてよかったと感じています。

③ 専門職との連携の視点

こんな場合を考えてみましょう！

このエピソードで、エミリさんの支援会議を開く以前の段階では、学校、理学療法（ＰＴ）、言語療法（ＳＴ）、摂食指導、放課後施設はそれぞれの視点から、それぞれの支援をエミリさんに対して行っていました。支援会議の前と後では、エミリさんと家族の生活にはどのような変化や影響があるでしょうか。

もっと知りたい人はこちら

1) 古川勝也（2013）学校での教員と他職種との連携のあり方 – 外部専門家との連携を中心に．肢体不自由教育 209，10-15．
2) 国立特別支援教育総合研究所（2013）特別支援教育におけるICFの活用 Part3：学びのニーズに応える確かな実践のために，ジアース教育新社．
3) 渡辺大倫（2013）作業療法士と協働した自立活動の指導改善 – 外部専門家からの助言を活かすツールを用いた実践を通して．肢体不自由教育，209，36-41．
4) 全国特別支援学校肢体不自由教育校長会編著（2011）障害の重い子どもの指導Q＆A：自立活動を主とする教育課程，ジアース教育新社．

4 医師との連携の視点

こんなことはありませんか？

　エミリさんは小学6年生になり、3か月後に宿泊を伴う修学旅行を控えています。
　担任の先生は、入浴や睡眠など日頃の生活の様子や生活リズムなどについて保護者の方に話を伺い、準備を進めていますが、保護者の方から慣れない場所に出かけると、体調を崩しやすいという心配が出されてきました。そこで、担任は、養護教諭と相談し、長時間の移動や宿泊を伴う修学旅行を元気に送る上での具体的な配慮事項について、エミリさんの主治医と相談し、アドバイスをいただきたいと思いました。また、日常的にも連携を図るためにどんな工夫をしたらよいのか考えています。

 ここがポイント！

　子どもの健康や身体の状態についてより深く理解するために主治医から必要な知識や情報を得ましょう。一般的な情報だけでなく、個別に必要な情報を収集し、それらを子どもの学校生活や行事の中で活かしていくための助言を得ましょう。そのためには、全般的な学校生活の様子と気になること、心配なことをまとめておきましょう。

④ 医師との連携の視点

このように考えてみましょう

　子どもの健康状態を知ることは、教育活動を進める上でとても重要な要素の一つです。主治医と連携し、その子の障害や病気の状態、治療についての基本的な知識をもつことで、その子の今の状態や学習活動を進める上での配慮事項を知ることができます。

　この時に、留意しなければならないことは、治療を目的とする医療と教育ではその目的が異なっていることを念頭におくことです。教員は、子どもの医療的な対応のみに流されてしまうのではなく、それぞれの子どもにあった教育活動を進める上での適切な対応の仕方を考えた上で、主治医からの助言を得ましょう。医療との連携・協働を進めていくためには、教育側として次の3点に留意して取り組みましょう。

① 病気・安全感染予防についての理解

　子どもの病気や治療等について基本的な知識をもつことはとても重要です。

② 必要な情報の共有と管理の重要性

　医療スタッフと必要な情報を共有しながら、子どもと家族への理解を深めることは、ケアやサポートの質を高めていくことに直結しています。

③ 教育活動への理解を深める取り組み

　子ども、保護者、そして医療スタッフにとって、学校生活のイメージは多様です。授業公開、学習発表会、作品展示、学級通信等の様々な機会を活用しながら医療スタッフに学習や生活の様子を伝え、理解を深めていくことも教員の大切な役割です。これらのことに留意して、主治医と連携していくことが大切です。

　なお、個人情報の取り扱いについては、プライバシーに配慮した慎重な管理を行う必要があります。主治医との連携を進めるにあたっては、保護者の同意を得てから慎重に進めていきましょう。

●●●●● 具体的な実践に向けて使えるツールポイント ●●●●●

1．主治医から得ておきたい情報

　各学校の個別の教育支援計画の中に子どもの健康状態についての実態把握の項目があると思われますが、実際には、実態把握だけでなく、以下の点について主治医から情報を得ておくことが大切です。特に、重い障害のある子どもたちの健康づくりに必要な個別に理解しておくべき情報として、次の2点をあげます。

①疾患名と障害名

　同じ疾患名であってもそれぞれの子どもの状態や配慮事項は異なるので、原疾患に関連してどのよう

な障害があるのか、それはどのような状態にあるのか、一人一人について理解する必要があります。逆に、現状の理解だけでなく、症状の変化（悪化）が加齢による変化なのか、原疾患が進行性の病気であることによる退行現象なのか理解する必要があります。それは、長期的な視点で教育活動を実践していくためには、重要な情報となります。

② 病態の理解

アナフィラキシーや心疾患、腎疾患の状態など、それぞれの主治医によく相談して、病態を個々に理解し、対応を確認しておきましょう。また、この他にも、学校における医療的ケアに関することや、発作等への対応に関することなどについても情報を収集しましょう。

さらに、子どもの安全を確保し、学校生活をよりよくするという視点から、食事（摂食）に関すること、姿勢に関すること、見ることや聴くことへの配慮に関することについても助言を得るとよいでしょう。

2．医療機関との連携をはかるために

医療機関との連携においては、関係者による支援会議やネットワーク会議を設定することを考えてみましょう。また、限られた時間の中で、必要な情報を共有し、それぞれの場面で活かしていくために、以下のような取り組みをしている学校もあります。

○ 日常的な連携手段としての「連絡ノート」

学級担任が保護者の同意を得た上で医療関係者とダイレクトに連携するツールで、学校、家庭、地域余暇生活での具体的なニーズを記載します。学校の担任、養護教諭、看護師等が日々不安に感じていることについて、具体的な助言を得ることができ、支援内容や方法を検討し、改善することができ、また、医療関係者からも、実生活場面でのニーズを知ることによって、適切な治療方針やリハビリプログラムの実施に役立ったという感想が出されるなど、双方にとっての意義が出されています。また、保護者を介してやり取りを行うため、保護者の障害理解や学校生活への関心にもつながっていきます。

連絡ノートに記載される相談内容例

◆手術後のケアについて
・運動制限は？
・活動の合間の休憩は？
・食事について気をつけること

◆発作への対応
・解熱剤を使用する目安
・救急車を要請するタイミングについて

◆宿泊を伴う行事について
・乗り物による移動で気をつけること
・睡眠がとれず、興奮状態で発作を起こした時の対応

これを実践してみたら……

担任の先生は、保護者の同意を得て、エミリさんの主治医と修学旅行に引率する教職員、保護者との支援会議を開きました。会議では、長時間の移動や宿泊を含めて元気に修学旅行を楽しむために、事前から心がけておくこと、健康上で配慮すべき点などについて主治医からアドバイスをいただきました。修学旅行前には、安心して旅行に出かけることができるよう、家庭で一緒に荷物の準備をする、生活リズムを整えることに気をつけました。そして、修学旅行期間中は、写真や絵カードで予定を事前に伝え、生活リズムも家庭で過ごしているリズムとほぼ同じような生活リズムで過ごせるようにする中で、体調を崩すことなく、訪問先ではエミリさんが選んだお土産を買うこともできました。

今後は、連絡ノートを活用し、日常的にも連携を図ることにしました。何か困った時や相談したい時も主治医と連携がとりやすくなりました。また、エミリさんの身体や障害の状態についてより深く理解することにもつながりました。

こんな場合を考えてみましょう！

あなたのクラスに医療的なケアが必要なショウさんが転入してきました。担任のあなたは、このような医療的なケアが必要な児童を担当するのは初めてのことで、校内で、看護師、養護教諭と一緒に、前籍校からの引き継ぎの書類は全て読み、主治医からの指示書も読みましたが、不安が付きまとっています。これから、どのように主治医と連携をとっていけばよいでしょうか。

もっと知りたい人はこちら

1) 石井光子（2013）健康づくりに必要な知識と対応について．肢体不自由教育，210，4-9．
2) 北住映二（2013）教育と医療の共同 – 関係性と主体性を大事にしながら専門性の広がりを – 肢体不自由教育，209，2-3．
3) 大森保徳（2008）主治医との連絡ノート　学校での工夫．江川文誠・山田章弘・加藤洋子「ケアが街にやってきた」，86-87．
4) PEDI Research Group（2003）．PEDI リハビリテーションのための子供の能力低下評価法．医歯薬出版株式会社．
5) 斎藤淑子（2013）医療と教育的配慮　第2章　医療との連携・協働の意義と実際．全国病弱教育研究会「病気の子供の教育入門」，159-176，クリエイツかもがわ．
6) 山田美智子（2008）豊かに生き果たす – 重症心身障害児の生と「選択的医療」．大月書店．

III 目標設定と教育内容

手厚い支援を必要としている子どもの目標設定と教育内容

1 目標設定と教育内容

① 教育的ニーズの決定と優先順位

教育を始めるにあたっては、Iで述べた実態把握を基に、対象の子どもの教育的ニーズを把握する必要があります。複数のニーズがある場合には、優先順位を決める必要もあります。それでは、教育的ニーズとは何でしょうか。

いろいろな考え方はあると思いますが、ここでは、「障害のある子どもが、自立し社会参加するために必要とされるもの」ととらえます。特別支援教育が目指す「自立と社会参加」のために、一人一人の子どもが必要とする「もの」（ひらがなの「もの」とするのは、人、物、環境等を含むため）です。ニーズ（needs）を考えるにあたって子ども自身の願い（wants）を踏まえなければなりません。教育は子どもにとっては自分探しの旅であり、子どもの願いは学びの強い動機になります。したがって、子どもの願いは大切にされなくてはなりません。しかし、子どもの願いがすぐにニーズになるかと言えば、それは違います。子どもの願いを叶えるためには、必要な段階を踏んだり、先に別なことを学んだりする必要がある場合もあります。子ども自身に気づかれていないニーズが存在することは少なくありません。

したがって、将来的には子どもの願いの達成につながるようにステップを考慮して、今の子どもの心身の状態やもっている力、子どもに関わる関係者の意見などを含めて、現時点での教育的ニーズとその優先順位を決定していく必要があります。

② 目標設定にあたって

目標の設定をする際には、「①子ども本人・保護者の参加」によって本人の希望や保護者の意向を可能な限り反映することが大切です。そして、子どもの現在の状態やもっている力を踏まえて「②発達や学習の順序性」を検討しましょう。また、目標が達成された時の生活をイメージしながら「③目標としての妥当性」や「④具体性と実現可能性」を考慮します。妥当性や具体性のある目標設定であれば、適切な評価をすることができます。さらに、「⑤専門家の意見を反映」させましょう。本人の希望や保護者の意向を踏まえ、関係者も協働し、子どもにとっての現在の生活の充実や自立と社会参加のステッ

プとなる目標を設定します。

③ 教育内容の設定に当たって

教育内容を設定する際は、目標と教育内容の関連を吟味し、「①目標を実現するための内容の設定」が必要です。個々の子どもの興味関心や生活の文脈を考慮した学習がなされるように「②子どもの興味関心や生活との関連を重視」します。そして、目標の実現に向けて子どもの力を引き出すことができるような「③教材や指導・支援方法、環境設定の工夫」を行います。さらに、これは「Ⅳ　学習活動の展開」に関わることですが、手厚い支援を必要としている子どもの多くは、1つのことを学ぶのにたくさんの時間や回数を重ねることが必要です。目標を達成するためには、「④学習量の確保」ができるような時間や場の工夫をしていくことが大切になります。また、学校の教育課程と個々の指導が関連するように「⑤教育課程の柔軟さ」が求められます。最後に、「Ⅴ　評価と計画の見直し」に関わりますが、目標設定と評価は、密接に関連しています。評価を行った結果については、個々の子どもの教育計画や教育実践の改善だけではなく、教育課程の改善にも役立てていくことが期待されます。

 ## 本書「ぱれっと」で紹介する目標設定と教育内容の視点

「1　目標設定の仕方」では、目標設定の際には、子どもの具体的な行動やスキル、子どもにとってその目標が持つ意味、その行動のために必要なスキルや支援をセットで検討することについて記しています。「2　子ども（家族）が望む未来の実現のための目標設定と教育内容」では、子どもと家族の夢を実現するための目標設定について取り上げました。「3　自立活動との関連」では、子どもの現在の生活をよりよく過ごしたり、子ども（家族）の望む未来を実現したりするために、自立活動の目標や内容を設定することを記しています。「4　小中高のライフステージを意識した目標設定と教育内容」では、子どもの小中高のライフステージを意識しながら、各学部の連携を図ることについて取り上げます。「5　体調が変動しやすい場合の目標設定と教育内容」では、変動する体調にあわせて、子どもにあった教育的支援も変わることについて説明します。「6　反応が読み取りにくい子どもとのコミュニケーションの視点と教育内容」では、反応がわかりにくい子どもとのやり取りを成立させるために、コミュニケーションの成り立ちを知り、かかわることについて記しています。「7　子どもの自己決定の力を育む目標設定と教育内容」では、育みたい自己決定の力を検討し、生活や学習等あらゆる教育活動の場面で自己決定の力を育む機会を設定することの重要性を取り上げました。「8　教科学習の視点と教育内容」では、教科の指導内容を学ぶことを前提にしながら、子どもの興味関心や状況にあわせて、指導内容を精選するとともに、指導内容をあわせるなどして学びやすい状況を作ることについて記しています。

Ⅲ　目標設定と教育内容

1　目標設定の仕方

こんなことはありませんか？

エミリさんは中学1年生になりました。エミリさんの個別の支援計画には、小学部のころから引き続き「スイッチを押しておもちゃを操作して楽しむ」という目標が掲げられています。

実際の授業の場面では、スイッチを押していろんなおもちゃを友だちとかわるがわる操作しています。

エミリさんは初めのころはうれしそうに取り組んでいましたが、最近ではスイッチ遊びにあまり興味がなさそうに見えます。先生は「この目標の評価はどう書けばいいのかな……」と心配です。

ここがポイント！

目標設定の際には、子どもにとってその目標の持つ意味、子どもの具体的な行動やスキル、その行動やスキルを育むために必要な支援をセットで検討しましょう。

このように考えてみましょう

　手厚い支援を必要としている子どもの評価に難しさを感じている教員は少なくありません。「1年かかっても子どもの状態に変化があまり見られない」という声も聞きます。しかし、評価が難しいのは、そもそも目標設定がうまくできていないためかもしれません。目標設定では以下の3つの観点を考慮しましょう。

① 子どもにとってより豊かな生活の展開につながる目標を検討する

　まず考慮すべきなのは「その目標を達成することが子どもにとってより豊かな生活の展開につながるか」「子どもが自分で達成感を持つことができるか」ということです。特に主体的な行動を育むためには、モチベーションや子どもにとっての意味づけが欠かせません。

② 具体的な行動やスキルを掲げる

　目標として、具体的な行動やスキルを達成することを前提として設定します。単語の頭文字をとった標語 SMART は目標の条件をわかりやすく示しています。

- Ⓢ pecific（具体的な）
- Ⓜ easurable（測定可能な）
- Ⓐ chievable（達成可能な）
- Ⓡ elevant（意味のある）
- Ⓣ imed（時限的な）

③ そのために必要な支援や場面設定を記述する

　その行動やスキルを子どもに育む・子どもから引き出すために必要な、周りの大人等からの支援や場面設定を記述します。

　これら3つの観点を考慮した目標を設定することによって、焦点をあてるべき子どもの行動がはっきりします。また、教員や大人の支援の仕方が確認・共有できます。さらに、評価がしやすく新たな目標の見直しに結びつきやすくなります。何より、達成された目標は子どもの豊かな生活の展開につながります。

具体的な実践に向けて使えるツールポイント

1．具体性を高め評価しやすい目標の書き方

　手厚い支援を必要としている子どもの目標では、「〜を味わう」「〜を楽しむ」といった漠然とした表現が見られます。前述した「具体的な行動・スキル」とは言えません。目標の具体性を高める書き方について例を挙げてみましょう。

> ① **抽象的な表現ではなく具体的な行動を挙げる**
> 　　×いろいろな素材に触れ感触に慣れる
> →〇スライムに自分から手を伸ばす
> ② **複数の行動が含まれる場合は課題を分けて記述する**
> 　　×お話し遊びに興味を持って集中して見たり期待して聞いたりする
> →〇人形の動きを目で追う　〇‥が登場する場面が近づくと声を出す
> ③ **子どもの目標と支援の方法・手立てを分けて記述する**
> 　　×バルーンなどの好きな遊びで一日の活動の意欲を高める
> →〇バルーンに乗り笑顔になる（手だて：一日の活動への意欲を高めるために、毎朝、△△の時間に行う）

2. 評価の観点、尺度の明確化

　目標の達成度合いを示すため、個別の評価基準を設定して、子どもの変化を記述します。予想される子どもの行動をあらかじめ段階的に記述しておくと、教員同士で共通の指標を用いて子どもの行動を記録し、支援やかかわり、授業の改善策につなげることができます。

評価基準の例

目標	自分の名前を呼ばれると瞬きしたり口を動かしたりして応える（場面・支援の仕方：子どもの手を握り、目を合わせて大きくはっきり名前を呼ぶ）
評価基準	1．目を閉じている 2．目を開けているが、視点がはっきりしない 3．教員の顔を見る（10秒以上かかって見る） 4．教員の顔を見る（10秒以内に見る） 5．瞬きしたり、口を動かしたりして応える

これを実践してみたら……

　先生はエミリさんにとってのスイッチを使うことの意味を検討しました。エミリさんは人とかかわることが大好きなので、人とかかわる生活場面での活用を考えました。検討の結果、「マッサージ機をエミリさんがスイッチで操作して、人にマッサージをしてあげる活動を行い、その中でエミリさんのスイッチの操作性をより高めていく」ことになりました。
　エミリさんのこの活動の目標と評価基準は次のように設定されました。

<エミリさんのスイッチでマッサージ機を操作する活動の評価基準>

目　　標	マッサージしてもらう人の声かけでスイッチをタイミングよく押したり止めたりできる（場面・支援の仕方：赤のボタンスイッチを押してマッサージ機を操作）
評価基準	1．スイッチを押さない 2．スイッチを押し続ける 3．声かけで、スイッチを時間をかけて押したり止めたりできる（ビックマックスイッチ） 4．声かけで、スイッチを時間をかけて押したり止めたりできる（ボタンスイッチ） 5．声かけで、スイッチをタイミングよく押したり止めたりできる（ボタンスイッチ）

　スイッチの色は、エミリさんにとって見えやすい赤い色にすることを確認しました。エミリさんは、初めはスイッチを押し続けていました（2の段階）が、最近では、赤のビックマックスイッチを使って、マッサージしてもらう人の声かけで、時間をかけて押したり止めたりする（3の段階）ことができるようになってきました。

　エミリさんと先生には夢があります。エミリさんがもっと小さなボタンスイッチを声かけでタイミングよく操作できるようになったら、エミリさんは念願の「マッサージ屋さん」になって、注文があれば友だちや先生など校内のいろんな人のところに出かけて行ってマッサージをしてあげる予定です。

こんな場合を考えてみましょう！

　皆さんの担当している子どもの個別の指導計画の目標を見直してみましょう。あまり検討されることなく、何年間も同じ目標で取り組んでいる状況はありませんか。その状況を解決するための最初のステップを考えてみてください。

もっと知りたい人はこちら

1) 川上康則（2010）学びの意味を考える教育評価と発達的視点．障害の重い子どもの授業づくり Part3（飯野順子編著）38-50，ジアース教育新社．
2) 小澤至賢・大内進（2012）特別支援学校における学校評価の活用を評価する基準．国立特別支援教育総合研究所研究紀要，39，37-44．
3) 全国特別支援学校肢体不自由教育校長会編著（2011）障害の重い子どもの指導 Q＆A：自立活動を主とする教育課程，ジアース教育新社．

2 子ども（家族）が望む未来の実現

こんなことはありませんか？

ケンタさんは小学2年生。外にお散歩に出ることが大好きです。

保護者面談の時、お母さんは「ケンタさんが外出の時、うれしくて急に走りだすことがあって危険を感じています。

買い物に立ち寄ったお店では気になる商品を触ってしまうので、このままでは連れていけなくて困っています。」という悩みを聞きました。

でも、お母さんは、ケンタさんがお店に行くのは大好きなので、将来的に一緒に落ち着いてお買い物ができるといいなあ、という願いを持っているようです。

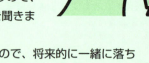

ここがポイント！

子どもと家族の夢を実現するための目標や、子どもの将来の自立の姿をイメージした目標を設定しましょう。

このように考えてみましょう

　子どもの学習は学校の中だけで完結するものではありません。教育によって最終的に目指したいことは、子どもが学校で培った力が他の場所でも発揮できて、それが家庭や地域における子どもなりの自立のために役立ち、それに伴って子ども自身のQOLと家族のQOLが高まることです。

① 目標設定におけるボトムアップとトップダウンの考え方

　子どもと家族の夢を実現するための目標や、子どもの将来の自立の姿をイメージして目標を設定することは、この最終的なゴールを意識した、いわゆる「トップダウン」的な目標設定のあり方です。重い障害のある子どもでは、小学部段階では発達の道程に基づいて次の段階の目標を設定する、いわゆる「ボトムアップ」的な目標が目立ちますが、中学部、高等部と成長するにしたがって、「今持っている力を使ってどう生活を組み立てるか」という横への広がりや、将来の姿や生活をイメージした目標設定が増えることが考えられます。子どもと保護者の現在と将来のQOLを考慮した目標設定は、どの年齢段階でも大切です。

② 夢の実現への子どもと保護者の主体的な取り組み

　子どもや保護者の夢を実現するための目標設定には、当事者である子どもや保護者の意向や価値観が反映されます。取り組みには子どもや保護者自身の主体性や協力が原動力になる、と考えてよいでしょう。教員はその実現を支える支援者です。

③ 「今持っている力」からスタートする実現のためのステップ

　夢の実現は遠くに感じるかもしれません。でも、子どもの今持っている力を基に、その夢の実現への最初の一歩を考えてみましょう。次頁のPATHを参考にしながらスモールステップで実現していく目標の一つ一つが、夢の実現への貴重なステップとなります。

具体的な実践に向けて使えるツールポイント

ここでは、PATH（Planning Alternative Tomorrow with Hope「希望に満ちたもう一つの未来の計画」）というカナダで開発された手法を紹介します。日本では、「障害のある人と関係者が一堂に会し、その人の夢や希望に基づきゴールを設定し、ゴールを達成するための作戦会議」として紹介されています。

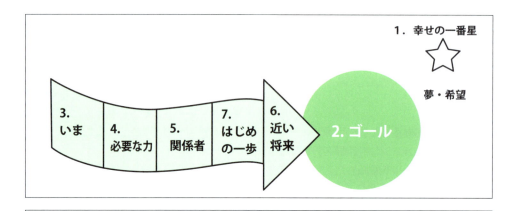

ステップ1　障害のある人の「幸せの一番星（夢）」を皆で共有する。
ステップ2　ゴールを設定し、夢が達成できた時に何を感じているかを話す。
ステップ3　ゴールに向けて、今、どんな状態にあるのかを確認する。
ステップ4　夢の実現のためにどんな力を身につけたらよいか、を話し合う。
ステップ5　夢の実現のために必要な人が誰か？ を確認する。
ステップ6　近い将来、夢の実現に向けてどんなことをしているかを確認する。
ステップ7　はじめの一歩として、参加メンバーがそれぞれの立場で何をするかを表明する。

学校での教育計画の作成とその実施をこのようなステップで進めている学校もあります（本書「V-4個別の教育支援計画と個別の指導計画の連動」）。子どもや家族の願いの実現に向けた、単発ではない継続的な教育的な取り組みが望まれます。

これを実践してみたら……

先生はケンタさんと保護者の願いである「一緒に楽しく買い物をしたい」というゴールの達成を目指して、校外学習の計画と絡めた段階的な目標設定を考えました。必要な力、段階的なステップと最初の一歩、学校で行う内容と家で行う内容の検討、ケンタさん自身が頑張ること、等について、ケンタさんや保護者と相談しながら、夢の実現への取り組みを進めました。

目標1． 学校では、ケンタさんが「学校の外まわりで移動の時は先生と手をつなぐ」、「部屋の前で次の行動を確認してから中に入る」等、それまで時々やっていたことを確実に行えるようになりました。家庭でも、学校での先生との約束の仕方や支援の仕方でうまくいったようです。

目標2． 次に、校外学習で買い物に行く前に、学校で買い物の場面を想定した練習をしました。「商品には手を触れないでよく見る。買うものだけ触る。」という練習です。失敗できる環境で安心して繰り返すうちに、ケンタさんは「できたぞ」という自信を持つことができました。

目標3． 学校の校外学習では、校内の練習で身につけた力を使って、買い物ができました。

ケンタさんは、次に**目標4．**「お母さん、お父さんと買い物に行った時に、商品に手を触れないで見る。買うものだけ触る。」に取り組む予定です。

先生は、お母さんに、「最初は、お店が混み合っている時ではなくて、すいている時間帯に行くこと」や、「最初は買い物のついでではなく、ケンタさんのために時間的余裕をゆっくりとってお店に行くこと」、などをアドバイスしました。今度の土曜日の朝のお出かけを、ケンタさんも家族も楽しみにしています。

こんな場合を考えてみましょう！

新年度にケンタさんの担任が変わることになりました。これまでの担任の先生は、ケンタさんと保護者の夢を実現する目標に取り組んだ経過とその成果を、新3年生の担任の先生に引き継ぎました。新しい担任の先生は、ケンタさんと保護者の夢に向かうステップの続きに取り組む学習をさっそく個別の指導計画に盛り込みました。このように、子ども・保護者が主体となる計画では、「子ども・保護者の夢」や「支援の方向性」が担当者や年度が変わってもつながることが特徴的です。このことは、子どもと家族にとって、どんな意味をもつでしょうか。

もっと知りたい人はこちら

1) 干川隆（2002）教師の連携・協力する力を促すグループワークPATHの技法を用いた試みの紹介，知的障害養護学校における個別の指導計画とその実際に関する研究報告書，国立特別支援教育総合研究所．
2) 国立特別支援教育総合研究所（2011）特別支援教育充実のためのキャリア教育ガイドブック，ジアース教育新社．
3) Peapoint, J 他（1998）PATH: Planning alternative tomorrows with hope, A workbook for planning possible positive futures. Toronto、ON Inclusion Press.

※本書の「Ⅴ-4　個別の教育支援計画と個別の指導計画の連動」も参照してください。

3 自立活動との関連

こんなことはありませんか？

ショウさんは中学1年生です。吸引、胃ろうの医療的ケアを受けており、特に吸引は頻回です。側わんや体幹のねじれの進行の度合いが大きくなっています。見ることについては、光がある方を見ることが多いのですが、どの程度見えているかはよくわかりません。ショウさんは、小学部の頃までは、特設の自立活動の時間を使って、他の子どもたちと一緒に、呼吸の状態を整えること、関節の可動域を広げること、手で物に触れられるようにすることを中心に取り組んできました。前担任からは、「手を使う」という目標は、保護者からの願いだった、と聞いています。

しかし、現在、日常的に呼吸状態が不安定なことや、提示されたおもちゃに自分から手を出すことが難しそうな状態を見た先生は、ショウさんの自立活動の目標・内容の設定や時間の使い方がこれまで通りでよいのか、悩んでいます。

 ## ここがポイント！

まず、障害によっておこる学習上または生活上の困難を知り、学習や生活に反映されるニーズは何かを探りましょう。現在の学習や生活の中でどのようなことに困難さを抱えているのか、また、子ども本人や保護者がどんな願いをもっているのか、ということを知る必要があります。困難さを軽減しながら、子どもや保護者の願いを実現する方向を確認して、設定された自立活動の時間や、学校の教育活動全体で取り組む自立活動の具体的な内容について、保護者や本人と一緒に検討しましょう。

このように考えてみましょう

　自立活動は、障害により特別な支援が必要な子どものために用意されています。障害のある子どもが自立し社会参加するためには、国語や算数などの各教科等で学ぶ知識や技能などのほかに、「障害による学習上または生活上の困難」に対応する力を身につけていく必要があります。そうした力を子どもが主体的に獲得できるようにするのが、自立活動です。一人一人の子どもの障害の状態や困難、目指す自立と社会参加の形等は異なるため、自立活動の目標、内容、時間、場所等については、子どもによってオーダーメードされます。

　以下、自立活動の目標と内容を設定するステップを記します。

① その子どもにとっての「自立」の姿のイメージ

　自立活動の「自立」とは、「児童生徒がそれぞれの障害の状態や発達の段階等に応じて、主体的に自己の力を限りなく発揮し、よりよく生きていこうとすること」と説明されています。その子どもが、支援を受けながらも、主体的に自身の力を使ってよりよい状態を求めようとしている姿をイメージしましょう。

　「よりよく生きていこうとする」主体は子ども自身です。その子どもなりの「自立」の姿をイメージするには、本人・保護者にとっての「よりよく生きていこうとする」あり方、すなわち、本人や保護者がどんな願いをもっているのか、を知ることが出発点となります。

② 実態把握：子どもの全体的な様子を知る

　子どもの障害や身体の状態（視機能・聴覚機能含む）、発達や経験の程度、興味・関心、家庭や地域の環境等、子どもの全体的な情報を収集します。子どもが支援を受けている医療機関や福祉機関をはじめとして、様々な関係者からの情報や助言も重要です。

　本書「ぱれっと」では、手厚い支援を必要としている子どもを、「家庭・学校・地域において、環境との相互作用の中で学び生活する学習者であり生活者である」という視点でとらえています。子どもの心身の発達の状態や機能的な側面を把握する実態把握の視点に加えて、「その子どもが家庭や地域でどのようにその力を使いながら、どのような生活をしているのか」という視点からの実態把握はとても大切です。本書の「Ⅰ　実態把握」で紹介した、「2　一日の生活の流れのアセスメント」、「3　子どもの生活マップ」、「10　子どもの興味関心のアセスメント」等を参考にしてください。

③ 課題整理：生活や学習の中で本人が困っていること・将来に向けて支援が必要なこと

　実態把握で得た情報から、現在、生活や学習の中で本人が困っていることを知ることができます。また、自立と社会参加の観点や本人や保護者が願う夢に近づこうとしたときに必要となる力、また、将来的に生じることが予測できる困難等、課題となりそうな事項がいくつか出てくることでしょう。課題の関連性、重要性、緊急性等を考慮したうえで、今の

④ 目標の設定：優先すべき目標と目標が達成された時のイメージの共有

次に、整理した課題の中から優先すべきと判断した課題についての目標を設定します。目標設定の仕方については、本書の「Ⅲ-1 目標設定の仕方」をご参照ください。

自立活動の目標設定の際に大切なことは、目標が達成された後に、学習や生活場面でどのような変化があるか・どんなことが可能になるか、ということを具体的にイメージしてみることです。そうすることによって、教員も子どもや保護者も、自立活動で設定した目標が、子ども本人や保護者の願いに近づくためのステップであることをより色濃く意識できます。また、子どもが実際の生活に活かす力を育むための教育実践に結びつきやすくなります。さらに、子どもや保護者がより主体的にその目標に取り組むことが期待できるかもしれません。

⑤ 具体的な指導内容の設定：配慮すべき事項

そうした姿に一歩でも近づくための具体的な指導内容を検討します。設定された時間に個別に行うことが適切な内容、学校の教育活動全体を通して行うことが適切な内容に分けて考えましょう。具体的な内容の設定にあたっては、学習指導要領に示されている自立活動の内容6区分26項目の中から必要な項目を選定し、選定された複数の項目を相互に関連付けて、子どもにあった活動内容を工夫します。

学習指導要領の解説には、活動内容を設定する際の配慮点として以下の4点が挙げられていますので、参考にしてください。

① 興味を持って主体的に取り組み、成就感や自己肯定感を持てるような内容
② 障害による学習上・生活上の困難を改善・克服する意欲を高める内容
③ 発達の進んでいる（得意な）側面をさらに伸ばすことによって遅れている（苦手な）側面も補えるような内容
④ 活動しやすい環境設定や支援について子ども自らが選んだり支援を求めたりすることを含む内容

これらの配慮点は、子どもの主体性の発揮や、子どもの持つ力とその力を出すために支援に焦点をあてる、という視点から、本書「ぱれっと」の「教育計画の作成と実施の基本的な考え方」とも共通しています。

具体的な実践に向けて使えるツールポイント

自立活動の指導計画の例を以下に挙げます。

この書式では、1年間で取り組む目標を設定する際に「目標が達成された後の生活像」を記入する欄が設けられていることが特徴的です。次に、その目標達成に向けて関連する自立活動の項目が挙げられています。自立活動の指導内容は、設定された時間で個別に行う内容と、教育活動全体で行う内容とに分けて、具体的に記入するようになっています。

自立活動の指導計画の例

1年間の目標(幾つかの指導目標の中で優先する目標)

提示されたものを見ながら、対象に向かって腕を伸ばして触れることができる。また手首を回して触れることができる。

＜目標が達成された後の生活像＞

　まずは、タブレット端末に触れることで幾何学模様が描けるアプリを使って描く活動に特化して考えていく。
　触れると模様が描けるということに本人が気付き、手を動かして画面に触れる意欲を高める動機付けとなる。そして、描き上げたものを使って人に見せたり、プレゼントしたりすることで、「ありがとう。」と言われることが多くなり、さらに自己効力感が高まる。様々な人にその絵の素晴らしさが伝わり、絵を描くことの依頼が来るようになる。それに応えるように描き、プレゼントしに行く。それを繰り返すうちに人とのかかわりが増え、手を動かすことが得意な動作になり、その動きを使って様々な人とのかかわりの中で思いを表現するようになる。そしてその力を発揮する場所は学校のみならず、地域や地域外、江ノ島にまで広がっていく。描いた絵はおしゃれなカフェや知り合いの自宅に飾られるようになり、益々、自分が社会に貢献できるかけがえのない存在だということに気付き、自尊感情を持ちながら生活できるようになる。

目標と自立活動の項目との関連（項目の番号のみでも可）

健康の保持	心理的な安定	人間関係の形成	環境の把握	身体の動き	コミュニケーション
(1)(3)(4)	(1)(2)	(1)(3)	(1)(2)(4)	(1)(2)(5)	(1)(2)

自立活動の指導内容

＜時間の指導＞ ○右下の横向きの姿勢やうつ伏せで唾液を排出し、呼吸の安定を図る。 ○左手でタブレット端末に触れて、絵を描く活動をする。 ○目の前のものに注目したり、追視したりする。	**年度途中で目標や指導内容を修正した場合** 8/1現在、使用していた、右側を下にした横向き姿勢を作るための専用のウレタンマットを使用した結果、一学期間は吸引が必要になるような呼吸の不調が見られなくなり、吸引は一度も行っていない。それでも胸の音はとても良いため、今後も引き続き右側を下にした姿勢をとっていきたい。唾液の排出が良い効果を出していると考えられる。
＜教育活動全体で行う指導＞ ○うつ伏せや左下の横向き姿勢をとり姿勢を換える。 ○腹部を中心に筋緊張を和らげ、排尿にリズムをつける。 ○全身に触れていき、触れられたり、抱かれたりする働きかけに対する心の準備を支援する。	**年度途中で目標や指導内容を修正した場合**

指導の結果と今後の指導について

　呼吸の状態を良好に保つには、右下の横向き姿勢で、常に唾液を排出しておくと良いことがわかった。1年間で吸引が必要になることがなく、予防的に鼻腔入り口を2回吸ったのみに留まっている。
　姿勢は授業時間ごとに変えたほうが良いと考えられる。1時間目は右下横向き、2時間目はうつ伏せか抱いて体幹を起こした姿勢、3時間目は右下横向き、昼は左下横向き、4時間目はうつ伏せ、5時間目は右下横向き姿勢。ほぼこのサイクルで姿勢を換えることで良い呼吸状態が保てた。
　絵を描く活動に入る前に、手の平を開くように触れたり、肘を支えながら腕の曲げ伸ばしの練習をしたりした。また、肩を支えながら左側肩甲骨をゆっくりと動かすようにした。タブレット端末の隅から隅へ線を描くように手を動かしたり、自分で腕の曲げ伸ばしをして、点をたくさん付けるように動かしたりすることができた。また、腕を伸ばした後、画面に手を付けたまま、その位置で手首を回す動きも見られている。今後も興味のあるものに手で触れる学習を継続したい。

これを実践してみたら……

○ショウさんについての実態把握

　担任の先生は、ショウさんのこれまでの記録を見直したうえで、クラスのほかの先生や自立活動の先生と情報を共有しながら、ショウさんの健康面や身体の状態についての実態把握を行いました。ショウさんの担当医やPTからも情報を得ることができました。その結果、呼吸状態を安定させるための姿勢や支援、見るための教材・環境設定の工夫（光るもの、大きさ・距離・姿勢等）等、腕や手を動かしやすい姿勢や支援を検討することができました。

　家庭訪問の時には、本書の「Ⅰ-2 一日の生活の流れのアセスメント」に沿って保護者と話をすることによって、ショウさんの家庭での生活の様子や保護者の願いについて知ることができました。お家の方の「手を使って欲しい」という願いは、「腕を伸ばすことで自分の意思を表して欲しい。ゆくゆくは、ショウさんから腕を伸ばして、お父さんに『どうぞ』とアイスを渡してくれたらいいな。」という思いがあるということがわかりました。また、「家族で旅行し、テレビで見た江ノ電に乗って江の島に行きたい」という夢をもっていることについても、知ることができました。

○目標と内容の設定

　担任の先生は、ショウさんの保護者の願いである「腕を伸ばして意思を表すこと」を実現するために、育みたい力、また、その力を育むために必要な支援を考えました。

＜ショウさんに育みたい力＞
・ショウさんの呼吸状態が整い元気であること
・ショウさんが腕を伸ばすことで自分の思いに周りの人に気づいてもらえるくらい、明確に発信できるようになること。

＜力を育むために必要な支援＞
・ショウさんの呼吸状態を整えるための姿勢や関わり
・ショウさんの興味・関心がある対象
・ショウさんが見ることができて腕を伸ばしたくなるような状況の設定
・ショウさんが家庭でもできて楽しめる活動

　担任の先生は、ショウさんが「提示されたものを見ながら、対象に腕を伸ばす。また、手首を回して対象に触れる。」を、1年間で取り組む課題として目標を立てました。当面は、ショウさんが見ることができ興味を示したタブレットを使って、腕を伸ばし手で触れて絵を描くという内容に取り組むことにしました。さらに、その学習の延長線上に、将来、ショウさんが家族で江の島に行く夢を描き、保護者と共有しました。

○取り組みの成果

　ショウさんの呼吸の状態を整えることには、教育活動全体において取り組みました。ショ

ウさんの呼吸状態が安定し、元気に活動できるように、担任の先生はショウさんが横向きになって活動するための専用のウレタンマットをPTや自立活動の先生とともに作成しました。姿勢や体位変換の仕方を工夫することによって、ショウさんの呼吸の状態が改善され、学習に気持ちを向けることができる基盤が整いました。

腕を伸ばしてタブレットで絵を描くことには、設定した自立活動の時間に個別にじっくり時間をかけて行いました。絵を描く活動に入る前の準備運動で、肩や腕、手の平を先生に動かしてもらっているあいだ、ショウさんも「これから腕と手を動かしてタブレットで絵を描くぞ」というように自分から動かそうとすることもあります。絵を描くときは、腕を自分で曲げ伸ばししたり、タブレットの画面の隅から隅まで線を描くように手を動かしたりする様子が見られるようになりました。

ショウさんがタブレットで描いた絵は、今、校内の様々な場所や放課後支援の施設に飾られています。お友だちや他のクラスの先生に「ショウさん、私にも描いて！」と頼まれることも増えてきました。

こんな場合を考えてみましょう！

ショウさんは、以前からも特設の自立活動の時間に「関節の可動域を広げること」に取り組んでいましたが、自分から腕などを動かす等の様子はあまり見られなかったそうです。ショウさんにとって、タブレットで絵を描く準備として行っている肩関節やひじの曲げ伸ばしは、以前行っていた「関節の可動域を広げること」と、どのように異なるでしょうか。

もっと知りたい人はこちら

1) 文部科学省（2009）特別支援学校学習指導要領解説，自立活動編，文部科学省．
2) 下山直人編著（2011）新しい自立活動の実践ハンドブック，全国心身障害児福祉財団．
3) 全国特別支援学校肢体不自由教育校長会編著（2011）障害の重い子どもの指導Q&A，ジアース教育新社．

＊本書の「Ⅰ-2 一日の生活の流れのアセスメント」「Ⅰ-3 子どもの生活マップ」「Ⅰ-10 子どもの興味関心のアセスメント」「Ⅲ-1 目標設定の仕方」「Ⅲ-2 子ども（家族）が望む未来の実現」等の項目も参照してください。

Ⅲ　目標設定と教育内容

4 小・中・高のライフステージを意識した目標設定と教育内容

こんなことはありませんか？

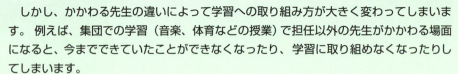

　エミリさんは小学5年生です。
　担任の先生には、問いかけに対して、「はい」「やだ」と返事をし、ほしい物や行きたい場所について「アー」「ブー」と声を出して伝えることが増えてきました。
　しかし、かかわる先生の違いによって学習への取り組み方が大きく変わってしまいます。例えば、集団での学習（音楽、体育などの授業）で担任以外の先生がかかわる場面になると、今までできていたことができなくなったり、学習に取り組めなくなったりしてしまいます。
　このような理由から、エミリさんの目標設定は、学年が変わっても同じ目標になってしまうことが悩みです。

ここがポイント！

　子どもの小・中・高のライフステージを考慮しながら、各学部の連携を図り、継続した教育目標に取り組みましょう。

④ 小・中・高のライフステージを意識した目標設定と教育内容

このように考えてみましょう

小・中・高のライフステージを意識した連携のあり方を以下の図に示しました。

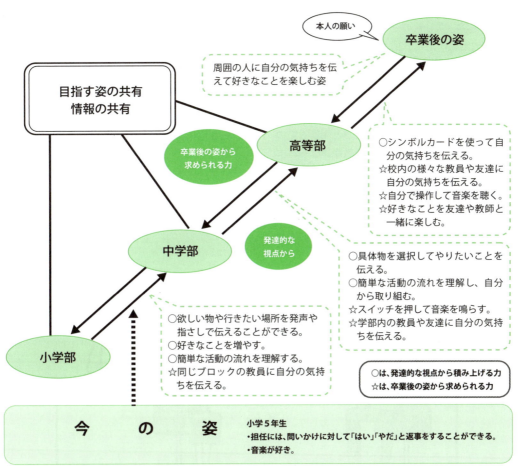

小学部・中学部・高等部の連携のあり方

前頁の「小学部・中学部・高等部の連携のあり方」の図は、子どもの今の姿、卒業後の姿をとらえた上で、その目指す姿を実現するために、小・中・高それぞれの段階で必要な力は何か、どのようなことを学ぶ必要があるかを整理したものです。このように将来の姿に向けて系統的で連続性のある教育実践を行うためには、教員一人一人の視点や目指す方向が異なっていては、担当者によって指導内容・方法が変わってしまい、子どもの力を積み上げることが難しくなってしまいます。学校として目指す方向を共有するとともに、卒業後の生活を見通した長期的な視点から子どもの目指す姿を共有し、そこから一人一人の教育的ニーズや指導内容・指導方法などを明らかにして、教員間・学部間で共有することが必要不可欠になります。

●●●● 具体的な実践に向けて使えるツールポイント ●●●●

　子どもの目標と教育実践を小・中・高と発展的につなげていくために、子どもにかかわる教職員はもとより、学部間での連携を図るため、情報を共有する場を様々な形で設定しています。さらに、「キャリア教育」という一つの視点を学校全体で共有し、学校として子どもが目指す方向を明確にすることで、今、一人一人のライフステージに応じて行っているそれぞれの教育実践が、将来の目指す姿につながるものになるのではないでしょうか。

④ 小・中・高のライフステージを意識した目標設定と教育内容

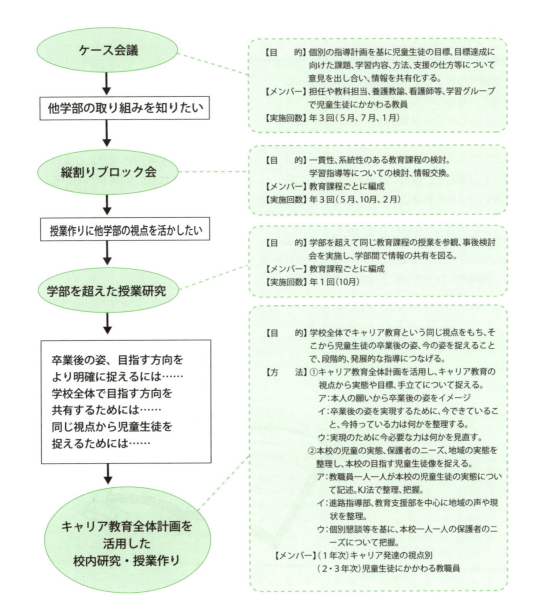

これを実践してみたら……

　学習グループのケース会議でエミリさんの情報を共有した結果、エミリさんがわかりやすいかかわり方や言葉かけ、活動内容の設定について、整理、共有することができました。エミリさんも、自分の困っていることや頑張っていること、自分の気持ちをいろんな先生がわかってくれることが、うれしいようです。さらに、学部を超えた縦割りのブロック会や、キャリア教育の校内研究を通して、担任の先生は、「エミリさんが、中学部になった時、高等部になった時にどんなことが目標になるかな」という見通しを、他の学部の先生と話し合う機会を持つことができました。

　この話し合いの後の先生方の感想には「学校卒業後の姿から、今必要な力を考えることで、授業の目標や学習内容をより具体的に考えられるようになった」「今持っている力（できていること）をより上手に発揮できるように、という視点から、場面やかかわる人の広がりなど、横の広がりについても考えられるようになった」という感想が寄せられていました。

こんな場合を考えてみましょう！

　特別支援学校では、小学部の先生は就学前の子どもが通う療育センター等の情報に詳しく、高等部の先生は卒業生が通う進路先の施設についての情報に詳しい、という状況があると思います。小学部の先生が、高等部の生徒の卒業後の生活について知ることの意味、また、高等部の先生が、小学部に入学する前の療育や子どもと保護者の生活について知ることの意味について、考えてみましょう。

もっと知りたい人はこちら

1）菊地一文編著（2012）特別支援教育充実のためのキャリア教育ケースブック，ジアース教育新社．
2）菊地一文編著（2013）実践キャリア教育の教科書，学研．
3）キャリア発達支援研究会（2014）キャリア発達支援研究会第 1 回大会資料集．
4）国立特別支援教育総合研究所編著（2011）特別支援教育充実のためのキャリア教育ガイドブック，ジアース教育新社．
5）名古屋恒彦（2013）知的障害教育発，キャリア教育，東洋館出版．
6）静岡県立藤枝特別支援学校（2014）平成 25 年度公開授業研究会研究資料「自ら活動する人を育てる〜キャリア教育の視点を取り入れた授業づくり〜」
7）富山県立しらとり支援学校（2014）平成 24 年，25 年度研究収録　第 24 集　研究主題「児童生徒の社会参加につながる授業づくり‐キャリア発達を促すために‐」．

5 体調が変動しやすい場合の目標設定と教育内容

こんなことはありませんか？

　中学生になったショウさんは表出も豊かになり、うれしい時にははっきりとわかるような笑顔をみせてくれるようになりました。理解力も高まり、いろいろなことにチャレンジしたい！ という意欲も高まってきています。また、人とやりとりをする楽しさを経験することで「もっとコミュニケーションをとりたい」という気持ちも高まってきたようです。小さい頃は初めての人や場所、場面などは何が起こるかわからず不安で泣いてしまうことが多かったのですが、最近では新しい人との出会いや体験に期待しているようなわくわくしている様子が見られています。

　そんなショウさんですが、この頃、登校時にぐずぐずと怒っていることがあります。そんな時のショウさんの様子をみると、痰が多く、呼吸状態が安定していないようです。ショウさんが楽しく充実した学校生活を送るにはどうしたらよいでしょうか。また、体調が変わりやすいショウさんの教育目標や内容をどのように考えればよいでしょうか。

 ここがポイント！

　体調が変動しやすい子どもにとって大切なポイントは、体調を整える、ということです。安定した体調が維持できているときは、子どものなじみの楽しみやルーティンの生活活動を充実させましょう。教育目標や内容は、変動する子どもの体調にあわせて検討する必要があります。

このように考えてみましょう

　手厚い支援を必要としている子どもの中には、医療的ケアの有無にかかわらず、体調が変動しやすい子どもが少なくありません。呼吸状態が安定しない子どもの例をみてみましょう。呼吸状態が悪く苦しそうな時は、休養を取らせたり、排痰を促す姿勢にしたり、吸引器を使って痰を吸引したりします。呼吸状態が改善されるまでは学習に気持ちを向けることは難しそうです。このような状態にある時は、子どもの「生命維持」を助け、回復を支援するかかわりが必要です。

　すっきり排痰できないなど、休養するほどではなくても子どもの調子が今一つ、ということもあります。そのような時にはペースを落として活動したり、ゆったり楽しめる活動にしたりするなど、子どもが無理なく学習に取り組めるようにします。本人が楽しめる内容であれば、それをきっかけに集中力が上がり、相乗効果で排痰がうまくいく場合もあります。このような状態の時は、子どもが良い状態に向かって「調整」できるよう支援するかかわりをします。

　子どもの体調がよく呼吸状態がよい時であれば、なじみのある好きな活動に繰り返し取り組む中で、子どもが見通しをもったり選択したりしながら主体性を発揮できるようなかかわりが求められます。子どもと大人の信頼関係をベースにしながら、新しい課題に挑戦することも可能かもしれません。

　このように、体調が変動しやすい子どもの教育目標や内容については幅を持たせて検討し、体調にあわせて教育的なかかわりを連動させることが大切です。

●●●● 具体的な実践に向けて使えるツールポイント ●●●●

　次頁の図は、子どもの変動する体調と連動して教育的支援の内容が変わることを示した図です。体調が一日の中で変動する子ども、一週間単位で変動する子ども、特定の季節に変動しやすくなる子どもなど、子どもの体調がどのようなサイクルで変動するのかは個々に異なります。また、体調の悪い状態から回復して元気な状態になるのにどれくらい時間がかかるかにも個人差があります。日頃から、子どもの体調の変化を、バイタルサイン（体温、脈拍、呼吸等）を通して把握する必要があります。その時々の体調によって柔軟にそして的確に、教育の内容やかかわり方を調整することが必要です。

Ⅲ　目標設定と教育内容

```
        探　索　　　挑　戦　　　創　作
        ┈┈┈┈┈┈┈┈┈┈┈┈┈┈┈┈┈
          誘われた新しい活動への参加
                               生
        な            選       活
        じ            択見     活
        み            ので通    動
        の            きし
        楽            るの
        し            　あ
        み            　る
        ┈┈┈┈┈┈┈┈┈┈┈┈┈┈┈┈┈
                調　整
        ┈┈┈┈┈┈┈┈┈┈┈┈┈┈┈┈┈
                生命
                維持
```

連動する教育的支援 ↑／↓　　　　変動する体調 高／低

子どもからのより意図的な発信のあるコミュニケーション

大人の読みとりを主としたコミュニケーション

変動する体調と教育的支援の連動

（中澤，2006）

⑤ 体調が変動しやすい場合の目標設定と教育内容

① ▽の下部 『生命維持』
　子どもの体調は落ちこみ、休養を必要としている状態で、回復を支援するかかわりが必要です。子どもからの意図的な発信は難しいため、子どもの表情などから子どものサインを大人が感度高く読みとって対応することになります。

② ▽の中央より下 『調整』
　子どもの体調は、休養するほどではありませんが、今一つです。ペースを落として活動したり、ゆったり楽しめる活動にしたりするなど、子どもが良い状態に向かって「調整」できるよう支援します。体調が良くなるにつれて子どもからは意図的な発信がみられるかもしれません。

③ ▽の中央にある網掛け部分 『なじみの楽しみ』『生活活動』
　子どもは体調が安定した状態です。子どもが好んで繰り返し遊ぶ「なじみの楽しみ」や毎日決まったやり方で行われる「生活活動」は、子どもにとってわかりやすく安心できる活動です。このような活動においては、子どもは次に何が起こるか見通しを持つことができ、選択をするなど主体性を発揮できる場面をたくさん設けることができます。子どもから周囲により意図的に発信できるよう援助することで、さらにやり取りを深めていくことも期待できます。

④ ▽の上部 『誘われた新しい活動への参加』『探索・挑戦・創作』
　体調が安定していれば、「なじみの楽しみ」と「生活活動」で培われた子どもと教員との安定したコミュニケーションや信頼関係をベースにしながら、活動を発展させることができます。子どもは新しい活動への誘いを受け入れ、教員と一緒に参加することもできるかもしれません。子どもが自信を持つことができれば、「探索・挑戦・創作」と新たな世界を子ども自身の力で切り拓いていく可能性も秘めています。
　ここで注目したいのは、中央の網掛け部分、子どもにとっての「なじみの楽しみ」や「生活活動」の重要性です。子どもの体調が安定している時には、子どもがより意図的に発信できるよう援助しながら、子どもが見通しをもったり、選択したりできるこれらの活動内容を充実させることを、まず目標にしましょう。ここで培った子どもの主体性、達成感、教員との信頼関係が、次のステップである「誘われた新しい活動への参加」や、さらにその先の「探索・挑戦・創作」への土台となります。この段階が充実しないままでは、たとえ子どもの体調が良い時でも、新たな活動への子どもの主体的な参加は難しいかもしれません。
　「なじみの楽しみ」や「生活活動」の充実は、その下部の「調整」の段階にも良い影響を与えます。登校時に少し機嫌が悪かった子どもが、教員と大好きな手遊びをしたり、スイッチを押して好きな音楽を聴いたりすることで、気持ちが落ち着く、といった場面に出会うことがあります。「なじみの楽しみ」や「生活活動」は、このような「調整」の段階にある子どもの自己統制を助ける力を持っています。

◆体調が変わりやすい子どもの学習については、①～④の間の変動があることを前提に、あらかじめ教育目標や内容に幅を持たせて検討することが必要です。子どもの「今」の体調にあわせた教育的なかかわりを意識しましょう。

Ⅲ 目標設定と教育内容

これを実践してみたら……

　学校生活の中でのショウさんは、学習の積み重ねによって、図でいうところの③の網掛け部分「なじみの楽しみ」が充実してきている状態です。教室の入り口のツリーチャイムを鳴らそうと指を動かすことが上手になり、休憩時間に聴くことを楽しめる曲のレパートリーが増えました。

　体調の良い時は、初めてかかわる教員と一緒に得意げにツリーチャイムを鳴らすこともあります。「上手だね」とほめられてうれしそうです。最近では、教室の前に来るとツリーチャイムに熱い視線を注ぎ、「早く鳴らしたいよ」とわかりやすく意思を伝えるようになりました。

　ショウさんが「登校時にぐずぐずと怒っている」時は、呼吸状態が安定しなくて不快なためのようです。吸引をしてもなかなかうまく排痰できない時は、以前は、怒りながら、疲れて眠ってしまうこともありました。

　最近では、怒って疲れる前に「なじみの楽しみ」の音楽が、ショウさんを助けてくれています。ショウさんの好きな「朝の会」が始まる時の音楽を流すと「あ、もうすぐ『朝の会』が始まるんだな！」と予想するのか、怒っていたショウさんの機嫌が直り、気持ちを切り替えることができました。また、大好きな「おんがく」の授業の時は、痰が貯留して苦しそうだった息遣いが、不思議と吸引をしなくても穏やかになりました。好きなことに集中している時は呼吸状態が落ち着くようです。

　連絡帳を見ると、呼吸状態が安定しない時のショウさんは、家庭でも怒っていることが多いようです。先生は、ショウさんが好きな音楽を家庭でも楽しめるよう、ショウさんのお気に入り音楽を集めた CD を作ろうと考えています。

こんな場合を考えてみましょう！

知的障害と自閉症のあるケンタさんは、自分の思い通りにいかないことが続くとパニックになってしまい、人の話を聞いたりかかわりを受け入れたりすることができなくなってしまうことがあります。「変動する体調と教育的支援の連動」の図を使って、ケンタさんの情緒の安定と変化に対応した教育的支援について、考えてみましょう。

もっと知りたい人はこちら

1) 国立特別支援教育総合研究所（2009）重複障害のある児童生徒の実態把握と指導．特別支援教育の基礎・基本　一人一人のニーズに応じた教育の推進，270-276、ジアース教育新社．
2) 中澤惠江（2006）体調の変わりやすい幼児児童生徒の活動目標と指導の方法，特別支援学校教員専門性向上事業テキスト，国立特別支援教育総合研究所．

※本書「I-5　表出が小さい・わかりにくい場合の行動観察の観点」も参照してください。

Ⅲ 目標設定と教育内容

6 反応が読み取りにくい子どもとのコミュニケーションの視点と教育内容

こんなことはありませんか？

ショウさんは小学1年生。入学して半年がたちました。
　しかし、ショウさんは自分から身体を動かすことはできず、表情の変化も乏しいので、担任の先生は意思の疎通ができているのか不安でいっぱいです。ショウさんが何を感じて、どのような思いがあるのか？はたして担当である自分とのやりとりができるのだろうか？と疑問だらけです。
　先生は、ショウさんと意思の疎通を図るためにどうすればよいか、悩んでいます。

 ここがポイント！

反応がわかりにくい子どもとのやりとりを成立させるために、コミュニケーションの成り立ちを知り、子どもへの伝わりやすさを考慮しながら丁寧にかかわりましょう。

このように考えてみましょう

　お母さんと子どもの間のコミュニケーションの成り立ち（意図しない子どもの表出に意味づけること、母親からのフィードバックの重要性など）を知りましょう。赤ちゃんの反応は比較的わかりやすいです。障害が重ければ重いほど、反応がわかりにくくなります。反応がわかりにくい子どもは、周囲の様子を理解しにくいために表出できない、ということもあります。しかし、コミュニケーションの成り立ちは障害のない子どもの場合と同じです。障害がある場合は、コミュニケーションを成立させるために、かかわる人の丁寧な支援やかかわり方が必要になってきます。

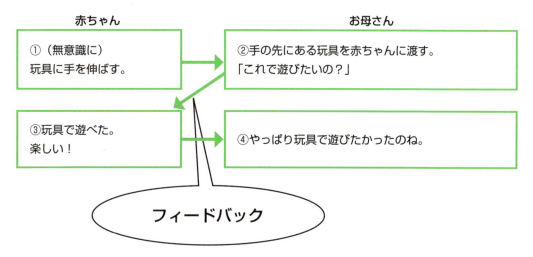

赤ちゃんとお母さんとのコミュニケーションの成り立ち

　反応がわかりにくい子どもは、①の段階が赤ちゃんに比べてわかりにくいです。例えば「じっと見ている」だけでも赤ちゃんが「手を伸ばす」と同様の行動ととらえて、かかわり手が意味づけして働きかける必要があります。

具体的な実践に向けて使えるツールポイント

① 意味づけとフィードバックの重要性

子どもの小さなアクションに意味をつけて「フィードバック」することで、子どもは意識せずに起こしていたアクションに意味があることに気づきます。自分のアクションに意味があることに気づくと、子どもは自分から意図的にアクションを起こして、「表出」することにつながります。

② 子どもの反応への子どもにわかるやり方での丁寧なフィードバック

子ども自身にアクションに「意味がある」と気づいてもらうためには、フィードバックが「子どもにわかるやり方」で行われなければなりません。声をかけるだけではわからず、直接体に触れることが必要な子どももいます。また、フィードバックした結果が子ども自身に「快い」と感じられるものでなければいけません。フィードバックを「快い」と感じ、「もっとやってみよう」という気持ちを引き出すことで「意図的なアクション」＝「表出」につながります。

③ 「この人だよ」とわかる工夫

五感すべてを上手に使うことができないのが、障害のある子どもたちです。そのために自分をとりまく世界を上手に把握することができません。一緒にいる人がどんな人かを把握することが難しいです。そこで、かかわり手は自分を印象づけるために、五感すべてで特徴づける必要があります。

例えばいつも同じ色の服を着ている、目印になる手触りのものを身につけている、同じ香りの香水を身につける、テーマソングがある等々です。

④ 同じかかわり方を繰り返すこと

上記で述べたように、自分の周りの環境を上手に把握することができない子どもたちにとっては、同じことを繰り返し行うことで予測がつくようになります。

特に好きなことを一緒に楽しむことで、予測しやすくなり、期待感も生まれます。同じかかわりを繰り返す重要性はここにあります。

⑤ 笑わない、目が合わないということで悩んでいる

表情がわかりにくい子どもたちもいますが、表情が緩んだな、とか、「目を大きくみひらいたな」、と少しでも感じたら、「うれしいね」ということばがけでフィードバックをすることで、表情が豊かになることにつながることもあります。一番大切なのは関係性を作ることです。「目が合う」ということも機能面や関係性とかかわってきます。

いつも側にいて困った時には必ず助けてくれる人は自分にとって意味のある人だ、と気づきます。この気づきによって関係性を築くことができます。

これを実践してみたら……

ご家庭では「一本橋こちょこちょ」が好き、と聞いた先生は個別課題の時間の最初の合図として「一本橋こちょこちょ」をやることにしました。

また、その合図として筆で手のひらをこちょこちょと触れることにしました。確かに「一本橋こちょこちょ」をやると身体の緊張が抜け、わずかですが表情が緩み、口角が動くことがあります。

「楽しかったね。もう一回やる？」と聞くと、口角が少し動きそうです。そこで、この口角の動きを「Yes」と意味づけすることにしました。先生は、口角が動いたら、「わかったよ」と動いたところに触れて、フィードバックするようにしました。

毎日続けているうちに筆で手のひらをこちょこちょと触れるだけで期待しているような緩んだ表情になり「一本橋こちょこちょやる？」と聞くと、口角を動かして返事をしてくれるようになりました。

こんな場合を考えてみましょう！

ショウさんが3歳で療育センターの親子通園に通い始めた時のことです。ショウさんは表情や体の動きに変化が見られず、担任の先生はかかわりの手がかりを見つけることができなくて困っていました。でも、常に装着していた心拍数の測定器の情報から、ショウさんの側にお母さんがついて手や足に触れている時には心拍数が低く安定しており、お母さんがショウさんから離れると心拍数が急に上がることに気づきました。先生が「お母さんが側で触っているとショウさんは安心なんだね」とお母さんに伝えると、お母さんは「ショウは私が側にいることがわかっているんだ。うれしい！」ととても喜びました。先生は、心拍数の変化を手がかりにしながら、ゆっくり耳元で話しかけて予告をしてから腕や脚に触れる、そばを離れるときは「ちょっと離れますよ」と耳元で伝えてから離れる、など「ショウさんがわかって安心できるかかわり方」を心がけました。お母さんも、家庭で、ショウさんに話しかけるだけでなく身体に触れて近くにいることを伝えるようになりました。そのうちに、側で人が触れていなくても、ショウさんの心拍数が低く安定していることが多くなりました。また、耳元で話しかけると口角がわずかに動くようになりました。

このエピソードのように、子どもの表情や体の動き等の変化が読み取りにくい場合には、心拍数や呼吸数などの生理的指標の変化の意味を探り、かかわりの手がかりとすることもあります。このエピソードでは、側で人が触れていなくても、ショウさんの心拍数が低く安定するようになりましたが、このことをどのように解釈しますか。

もっと知りたい人はこちら

1) 岩根章夫（2005）コミュニケーションの理屈を考える，こころリソースブック出版会．
2) 鯨岡峻（1997）原初的コミュニケーションの諸相，ミネルヴァ書房．
3) 坂口しおり（2006）障害の重い子どものコミュニケーション評価と目標設定，ジアース教育新社．
4) 田島信元（2003）共同行為としての学習・発達，金子書房．

※本書の「Ⅰ-5 表出が小さい・わかりにくい場合の行動観察の観点」も参照してください。

7 子どもの自己決定の力を育む目標設定と教育内容

こんなことはありませんか？

ショウさんは中学2年生になりました。先生は、ショウさんに自己決定・自己選択ができるようになってほしいと考えています。授業の中で、楽器を選んでもらおうと、先生は鈴とベルの音を交互に鳴らして、「どっちがいい？」とショウさんに尋ねるのですが、ショウさんはどちらを見ているかはっきりしないことが多いです。結局、先生が「どちらかというとこっちを見ていたかな」と判断した楽器をショウさんに持たせていますが、先生は「ショウさんが選んだ」という実感を持てずにいます。
　ショウさんにとっての自己決定や自己選択を、どのように考えればよいのでしょうか。

 ここがポイント！

育みたい自己決定的な行動を子ども一人一人の状況に応じて検討し、生活や学習等あらゆる教育活動の場面で自己決定の力を育む機会を設けましょう。

このように考えてみましょう

「自己決定」の力は障害のあるなしにかかわらずどんな子どもにとっても、教育の中で育むべき重要な力です。まず、その意味を考えてみましょう。

① セルフディターミネーション（self-determination）とは？

「自己決定」の意味を考えるため、米国の自己決定にあたる言葉、「セルフディターミネーション」という概念を紹介します。これは「自分の生活や生き方において大切なことを実現できるように、自分が主体となって行動すること。他からの不当な影響や干渉に縛られることなく、自分のQOLに関して、自分の意思で選択したり決定したりすること」（Wehmeyer, 1999）です。セルフディターミネーション的な行動は、次に挙げる4つの特徴を反映しているとされます。

a 自主的・自律的に行動すること：自分の好み・興味・能力に従って、自分の意思で行動すること。

b 自己調整的であること：自分のいる環境の状況にあわせてどんな行動をとったらよいかを決めたり、自分の行動による結果を評価したりすること。

c 「自分は何かができるぞ」という自己効力感を実感していること：自分で環境をコントロールすることを意識したり、モチベーションを持ったりすること。

d 自分についての知識を使って行動すること：自分自身についての知識、自分の長所や自分の限界を認識し、その知識を使いながら行動すること。

② 重い障害がある子どものセルフディターミネーション的な行動

上記の4つの特徴を示す行動基盤は、障害の有無や重度・軽度、あるいは大人・子どもにかかわらず、強い人と弱い人がいると言われます。例えば、「音楽を聴くことが好きで、自分で頭を傾ければスイッチを押せることを理解して、頭の傾け方を試行錯誤しながらスイッチを操作し、プレーヤーから流れる音楽を楽しんでいる」子どもの行動は、上記の4つの特徴を反映していると考えられます。それに対して、特に障害のない大人でも、自分に自信が持てず、人目を気にして引きこもりがちな人の行動には、自己調整や自己効力感などのセルフディターミネーション的な特徴を探しづらいかもしれません。

③ 自己決定の力を育む練習の機会の重要性

上記4つの特徴を持つようなセルフディターミネーション的な行動基盤は、生まれつき持っているものではなく、学習によって学ぶものであり、練習の機会があって初めて身につけることができるもの、とされます。しかしながら、障害がある子どもは、ない子どもに比べると、この練習の機会が少ない、ということも指摘されています。生活場面、学習場面を通じた教育活動全体の中で、自己決定の力を育む機会を設けることがとても大切です。

具体的な実践に向けて使えるツールポイント

1. 自己決定のスキル的要素

　米国では、セルフディターミネーション的な4つの特徴のある行動基盤を育てるために、障害のある子どもが学習・練習すべきスキル的な要素が提案されています。これには、選択、決定、問題解決、目標設定と達成、自己観察・自己評価、自己擁護とリーダーシップ、自己教育、自己調整、自己効力感、自己認識、自己知識等があります。すべて大事なスキルですが、特に重い障害のある子どもにとってはイメージしにくいものもあります。

　セルフディターミネーションの力を育むには発達的な視点も必要です。

2. 自己決定の発達的視点：
　　初期の段階で育てたい3つの力

　自己決定を発達的な視点からみたとき、初期の段階には、次の3つの力を育むことに焦点をあてます。

① 子ども自身が楽しめる活動・見通しを持って意欲的に取り組める活動があること

　子ども自身が楽しめる活動・見通しを持って意欲的に取り組める活動においては、子どもは主体性を発揮することができます。活動のレパートリーが増えることでより豊かな過ごし方ができます。子どもが「やりたい」ということがあるのは、素敵なことだし、とても大事なことです。やりたい活動に打ち込むことで、現在の生活は充実したものとなります。将来的には余暇や仕事につながる活動となるかもしれません。

② 選択・問題解決すること

　上記の子ども自身が楽しめる活動・見通しを持って意欲的に取り組める活動においては、子ども自身が選択する機会について、子どもにとって自然な文脈で設けることができます。選択する内容には、何をするかの選択、だれとするかの選択、どこでするかの選択、どんな順番でするかの選択、拒否することの選択、終了することの選択等、様々な機会があるでしょう。また、子どもにとってモチベーションの高いやりたい活動に取り組む中で、問題解決する機会を設けてチャレンジすることもできます。

③ 周囲との関係の中で自己調整すること

　上記の子ども自身が楽しめる活動・見通しを持って意欲的に取り組める活動においては、子ども自身が周囲の手がかりから状況を判断して行動したり、自分の意思を大人に伝えたり大人の提案を受け入れたりする場面が見られるかもしれません。信頼できる大人との間のコミュニケーションの力は、自己調整の力につながります。

3. セルフディターミネーション的な
　　行動基盤の意識

　単に「選択できたかどうか」を評価するのではなく、子どもの行動に、前述した「自主的・自律的」「自己調整的」「自己効力感」「自己認識的」という4つの大事な行動基盤が育っているか、ということを意識すると、大人の子どもへのかかわり方が変わります。その子どもに育てたい行動をイメージしましょう。

これを実践してみたら……

　ショウさんにとって、鈴やベルを鳴らすことは、それほど好きな活動ではないのにもかかわらず、どちらかを選ばせようとしていたことを先生は反省しました。そして、まず、ショウさんが集中して繰り返し楽しんでいる活動を充実させることにしました。

　最近ショウさんが気に入っている活動は、車いすでの校内散策の途中で、体育館のステージへのスロープを車いすで上り、ステージから勢いよくスロープを下る遊びです。先生に手を引っ張ってもらってスロープを上る時には、車いすに乗ったショウさんも顔を真っ赤にして全身に力を入れます。スロープを勢いよく下ると目を大きく見開いて表情が緩み、うれしそうです。

　スロープを上る時、引っ張る手を「どっちの手にしますか」と手の甲をさすりながら先生が尋ねると、ショウさんは、引っ張ってほしい手の指をわずかに動かすようになりました。そちらの手を握ると、スロープを上る前から、これから上ることを予測して体に力を入れています。ステージの上に到着して、先生が「一休みね。」とのんびりしていると、「早くスロープを下りようよ」と訴えるように先生をにらむことが増えてきました。

　先生は、ショウさんのそのような様子に、「自主的・自律的」「自己調整的」「自己効力感」「自己認識的」という4つの大事な行動基盤が芽生えてきたことを感じています。この活動を通して、ショウさんとの信頼関係が深まり、ショウさんの意思が伝わるコミュニケーション的な行動が増えてきたことをうれしく思っています。また、これから、ショウさんの好きな遊びや活動のレパートリーを増やしていくことが楽しみです。

こんな場合を考えてみましょう！

　ケンタさんは、特定の牛乳のパッケージに興味があり、いつも同じ銘柄の牛乳を好んで飲んでいます。家庭でいつもと違う銘柄の牛乳が出るとケンタさんが怒るので、お母さんはいつも同じ銘柄にするよう気をつけていたようです。そんな中、学校の買い物学習の際、ケンタさんのお気に入りの銘柄の牛乳が売り切れていて、違う銘柄の牛乳を買うことになり、ケンタさんは大変怒りました。先生になだめられながら学校に戻ったあと、授業でホットケーキを作っておいしく食べました。違う銘柄でもおいしいホットケーキができることが理解できたのか、それ以降、ケンタさんは、特定の銘柄の牛乳にこだわらなくなりました。

　このケンタさんのように、「いつも同じパターンで過ごすことで安心する」という子どもは多いことでしょう。そのような子どもにとっても、環境の変化にあわせて「自己調整」する力を育てる必要性について、考えてみましょう。

もっと知りたい人はこちら

1) リンダ・M.・バンバラ，フレヤ・クーガー（2005）選択機会を拡げるチョイス・アレンジメントの工夫（訳：三田地真実）学苑社.
2) Palmer, S. B. (2010) Self-Determination: A Life-Span Perspective. Focus on Exceptional Children, 42, 1-16.
3) 齊藤由美子（2010）障害の重い子どもの自己決定の力を支え育むために．障害の重い子どもの授業づくり Part3（飯野順子編著），18-37，ジアース教育新社.
4) Wehmeyer, M.L. (1999) A functional model of self-determination: Describing development and implementing instruction. Focus on Autism and Other Developmental Disabilities, 14, 53-61.

コラム① 共生社会における障害のある人の自己決定

　本書「ぱれっと」の対象である手厚い支援を必要としている子どもは、学校卒業後も、生涯を通して、周囲の人々からの支援を受けながら生活することになるでしょう。彼らの自立と社会参加を考えるとき、自己決定の力を育むことは、今後ますます重要な教育の課題となると考えられます。

　日本は、2014年1月20日、国連の障害者の権利に関する条約を批准しました。この条約は、障害のある人の基本的人権を促進・保護すること、固有の尊厳の尊重を促進することを目的とする国際的原則です。

　この条約の「第二十四条　教育」においては、教育についての障害者の権利を認め、障害者を包容する教育制度（inclusive education system）等を確保することとし、その権利の実現にあたって「個人に必要とされる合理的配慮が提供されること」を位置付けています。合理的配慮とは、「障害者が他の者と平等にすべての人権及び基本的自由を享有し、又は行使することを確保するための必要かつ適当な変更及び調整であって、特定の場合において必要とされるものであり、かつ、均衡を失した又は過度の負担を課さないものをいう。」と定義されます。例えば、視覚障害がある場合の教室での拡大読書器の利用や、肢体不自由がある場合の車いす等を使用できる施設設備の確保等がこれにあたります。さらに、過度な負担ではないにもかかわらず、必要で適当な調整等を行わない「合理的配慮の否定」は差別にあたる、ということが明示されています。

　条約の定義を踏まえて日本でも様々な国内法の整備が行われました。

　「障害を理由とする差別の解消の推進に関する法律」（いわゆる「障害者差別解消法」）では、「障害者から現に社会的障壁の除去を必要としている旨の意思の表明があった場合」に合理的配慮に努めることが示されています。この意思の表明は、「言語（手話を含む。）のほか、点字、拡大文字、筆談、実物の提示、身振りサイン等による合図、触覚による意思伝達など、障害者が他人とコミュニケーションを図る際に必要な手段（通訳を介するものを含む。）」によること、また、「本人の意思の表明が困難な場合には、障害者の家族、介助者等、コミュニケーションを支援する者が本人を補佐して行う意思の表明も含む」ことが示されています。

　そして、教育では、合理的配慮は「一人一人の障害の状態や教育的ニーズ等に応じて決定されるものであり、設置者、学校と本人・保護者により、可能な限り合意形成を図った上で決定・提供されること」とされ、「その内容について個別の教育支援計画に明記することが望ましい」とされています。

　手厚い支援を必要としている子どもが彼らなりに自立し社会参加する姿を描くとき、合理的配慮に限らず、自分にとって大事なことが自分でわかり、その意思を何らかの手段で支援者を含む周りの人に伝える力（自己決定の力）が求められるでしょう。学校教育において、障害のある人の自己決定の力を育み、また周囲の人々が彼らの決定を尊重することを学ぶことは、「誰もが相互に人格と個性を尊重し支え合い、人々の多様な在り方を相互に認め合える全員参加型の社会」である共生社会にとって、大変重要なテーマであるといえます。

8 教科学習の視点と教育内容

こんなことはありませんか？

エミリさんは小学5年生です。最近は、テレビアニメで気に入った曲を繰り返し聞いたり、給食の時の牛乳パックの配膳に興味を持って、係を引き受けたりしています。

エミリさんはこれまでずっと自立活動を主とする教育課程で学んできました。

先生は、興味関心の幅が広がってきたエミリさんの学習に教科的な視点を取り入れたいのですが、どのように考えたらよいかがよくわかりません。

ここがポイント！

教科の指導内容を学ぶことを前提にしながら、子どもの興味関心や状況にあわせて、指導内容を精選するとともに、指導内容をあわせるなどして学びやすい状況を作りましょう。

このように考えてみましょう

　本書「ぱれっと」の対象となる、手厚い支援を必要としている子どもは、自立活動を主とする教育課程で学んでいる場合が多いと思われます。この子どもたちにとっての教科学習の意味を考えてみましょう。

1. 手厚い支援を必要としている子どもにとっての教科学習の意味

① 人間が築いてきた文化を次世代へ継承し知的素養を高めること

　知ることの喜び、探究心、好奇心は学びの源であり、障害の有無にかかわらずすべての子どもが持っているものだと思います。自立活動を主とする教育課程で学ぶ子どもが、民話の語り口に集中して引き込まれたり、クラシック音楽を聞いて感動の涙を流したり、ヒマワリの根っこの役割に興味を持ったりしている時、その表情は「もっとこの世界を知りたい、学びたい」と訴えているように思えます。教育の目的である「人格の完成」は、重い障害のある子どもにとっては「その子らしさ」や「生きる力」を育むこと、といえます。「その子らしさ」は様々な側面から開発される可能性があり多様な間口を用意しておくことが必要です。教科学習の意味はそこにあります。

　さらに、重い障害のある子どもが自立活動として行っている様々な学習内容を、小学校の教科教育の内容等との連続性で整理しつなげて考えようという試みがあります（徳永，2014）。

② 同世代の子どもが学んでいる内容をエッセンスとして共有できること

　教育の目的である「社会を形成する人の育成」を考えた時、教科学習は「共に生きること」を仲介する役割を果たします。米国では重い障害がある子どもにとっても「通常の教育カリキュラムへのアクセス」は大事なテーマです。

　重い障害がある子どもにおいても、同じ世代が学ぶ内容のエッセンスを共有することは、インクルーシブな社会の形成者として重要です。

2. 個々に応じて指導内容の精選・重点化、指導内容をあわせること

　とはいえ、手厚い支援を必要としている子どものニーズは個々に異なります。教科学習を実施する際にはそれぞれの価値観や生活の状況などを考慮し、指導内容を精選・重点化したり、指導内容をあわせたりすることを、子どもの実情に応じて検討する必要があります。

3. 教科の内容を学ぶ下支えとなるものとしての自立活動の内容

　教科学習を行う際、自立活動の内容は、教科の内容を学ぶ下支えとして位置づけられるでしょう。領域や教科等の目標（縦軸）と自立活動の指導目標（横軸）が重なる内容を授業の目標として明確にした、二軸による学習構造が提案されています。

　肢体不自由であれば、学習する際の姿勢や、手を使って書くなどの運動動作などへの配慮・支援、視覚障害がある場合には見えにくさ、聴覚障害がある場合には聞こえにくさのある特性に配慮した教材や情報保障などは、合理的配慮の観点からも重要です。

具体的な実践に向けて使えるツールポイント

手厚い支援を必要としている子どもの具体的な教科学習の取り組みについて、2つの例を紹介します。

① 特別支援学校（知的障害）の教科の目標及び内容を柱とした学習の例

例えば、自立活動を主とする教育課程の授業でよく見かける「お話し遊びで、パネルシアターを使って見る・聴く、スイッチを押して参加する等の活動がある授業」について、知的障害の教科の目標をベースにして授業を組み立てることができます。下の表は、特別支援学校（知的障害）小学部の「国語」「音楽」の目標を踏まえた授業の単元目標、Aさんの個別目標の例です。

教科等の目標をふまえた授業の単元目標と個別目標の例

（例）授業名：「日本の民話-モチモチの木-」（国語）
【単元の目標】 ・話しかけに注意を向け、簡単な動作を表す言葉や感情を表す言葉を理解する。 ・音や音楽をよく聴いたり、感じたりして、楽器などに触れたり音を出したりする。
【Aさんの本時の目標】 ・「走る」「怖い」「うれしい」などの言葉の意味を、場面を手がかりに理解する。 ・モチモチの木が光る場面で、教師のセリフを聞いてからスイッチを押して光をつける。

② 子どもの興味・関心から、教科の内容に結びつけた例

スクールバスに興味がある子どもであれば、そこから発展して考えられる教科的な学習内容があります。例えば、算数的（スクールバスの数から足し算、引き算等）、国語的（バスの動きから動詞の使い方等）、社会的（バスコースから街の地図など）な学習内容が考えられます。

これらの学習においては、子どもが自分の生活と結びつけて自ら主体的に考え、子どもの興味関心に沿って発展させられるような展開の仕方を工夫することができます。子どもは自分が興味のあることについては、すでに何らかの経験があったり概念を持っていたりします。子どもの経験や生じ始めた概念を整理したり、広げたり、深めたりする方向性の指針として、教科の系統性を位置づけることができるでしょう。

これを実践してみたら……

　エミリさんの先生は、小学部の先生方と一緒に、エミリさんをはじめ、他の子どもたちについても、現在、自立活動の授業として行っている学習活動の目標の中から、知的障害の教科の目標として置き換えることができそうな目標を整理しました。「教科」の視点で今行っている活動を見直すことで、授業計画を立てる時の意識が変わりました。

　音楽の教材の選び方にも、同じ学年の子どもたちが歌っている歌を、取り入れよう、という変化がありました。来月、近隣の小学生が来てくれる交流及び共同学習の時に、一緒に歌うことを楽しみに練習しています。

　エミリさんは、ますます牛乳パックの配ぜん係に夢中です。出席者の数を数えて同じ数のカードを並べ、カードの上に牛乳パックを並べる仕事に取り組んでいます。数字にも興味が出てきた様子です。

こんな場合を考えてみましょう！

　知的障害と聴覚障害があるメグさんは、ろう学校に通っています。教科書は下学年の教科書を使い、基礎基本の確実な定着を目指し教材を精選して行っています。教科学習ではコミュニケーション手段を身につけつつ、できるだけ体験や経験をしながら学習を進めています。例えば、国語の「おおきなかぶ」では、「おじいさん、おばあさん、まご、犬、ねこ」のお面を作って登場人物になって演じました。メグさんは「わたしは、ねこがやりたい」と手話と指文字、発声で教えてくれました。かぶを引っ張る動作をしながら、「うんとこしょ、どっこいしょ」「ひっぱってー」と声を出して学習します。その日のノートには、ねこのお面をかぶったメグさんの写真を貼ります。メグさんが指さした写真について、教員は「メグさん」「ねこになった」「ひっぱってー」等、口声模倣や手話の模倣を促しました。

　メグさんは新しい単元、「スイミー」の勉強に取り組みます。教科書の中の挿絵だけでなく、どのような工夫をすれば、メグさんのお話の理解が進むでしょうか。

もっと知りたい人はこちら

1) 江田裕介（2005）教科における支援の専門性．肢体不自由教育，172，24-29．
2) 長沼俊夫他（2010）重複障害者の指導の在り方と実践例．肢体不自由ハンドブック第5章，207-238．全国心身障害児福祉財団．
3) 徳永豊（2014）障害の重い子どもの目標設定ガイド：授業における「学習到達度チェックリスト」の活用，慶應義塾大学出版会．

IV 学習活動の展開

手厚い支援を必要としている子どもの学習活動の展開

1 手厚い支援を必要としている子どもの学習活動を展開するにあたって

① 学習活動を展開する時間や場所の設定

どのような時に、どのような場所で、子どもの学習活動が展開できるかを考えてみましょう。それは、限られた授業時間内だけではないはずです。学校や家庭での生活も含めて1日の生活の中のあらゆる機会を通して子どもたちが学習活動を展開できる機会を設定することが大切です。

② 個別学習、集団学習のその子どもにとっての組み合わせの在り方を考える

学習活動を展開するにあたり、その子の目標を取り組むためにどのような授業形態がふさわしいのかを考えてみましょう。個別学習、集団学習にはそれぞれの良さ、特徴があります。個別学習では、一人一人に必要な力をじっくり考えることができます。また、集団学習では、他の子どもたちとのコミュニケーションを通して、意欲的に課題に向き合ったり、喜びなどの情動を共有できたりするメリットがあります。このように、目的に応じて、個別学習と集団学習をうまく取り入れた学習活動を展開することが大切です。

③ 社会の中で生きることを前提にする

手厚い支援を必要としている子どもの生活場面は、学校、家庭、地域と多岐にわたっています。また、それぞれの生活場面で学習活動が展開されています。手厚い支援を必要としている子どもも将来的には、社会を構成する一人としてその子なりに生きていきます。その子が将来にわたって社会の中で生きていくことを前提に、その子に今何が必要なのかを考えながら学習活動を展開することが大切です。

このような学習活動を展開するため基本的な考えに基づき、この章では、以下のような学習活動の展開の視点について、事例等を用いて提案しています。

② 「ぱれっと」で紹介する学習活動の展開の視点

「1　一日を通した個別目標への取り組み」では、個別目標を授業の中だけでなく、一日の学習や生活を通して取り組む学習の機会を検討する視点を提供しています。

また、「2　個別学習と集団学習の考え方」「3　課題が異なる子どもたちが参加する集団学習活動の組み立て方」では、個別学習で培った力をいかに集団学習で発揮できるか、集団学習の中での一人一人の配慮など、学習場面における個別学習や集団学習の意義や意味について考える視点を提供しています。

「4　交流及び共同学習場面における活動の展開①」「5　交流及び共同学習場面における活動の展開②」では、友だちとコミュニケーションをとったり、通常の学級の授業に参加して学んだりする際の考え方や工夫を説明しています。「6　地域資源を活用した学習活動の展開」では、地域の中で生活するにあたり、周囲の人に自分のことを理解してもらいながら地域の資源を活用するなどの学習活動の展開を通して、社会の中で生きるという視点を提供しています。

> **もっと知りたい人はこちら**
>
> 1）飯野順子（2005～2015）障害の重い子どもの授業づくり Part1-6，ジアース教育新社．
> 2）全国知的障害養護学校長会編著（2006）特別支援教育の未来を拓く指導事例 Navi Ⅰ小学部編-Ⅲ高等部編，ジアース教育新社．

Ⅳ 学習活動の展開

1 一日を通した個別目標への取り組み

こんなことはありませんか？

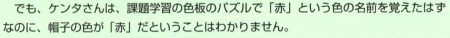

　ケンタさんは、現在小学校5年生です。個別に設定されている目標は、色のマッチングと色の名前がわかること、3つのものの中から選ぶこと、小さいものをつまむこと、などです。
　先生は授業や課題学習に、ケンタさんの目標をできるだけ取り入れています。ケンタさんは、特に課題学習に熱心に取り組むので、先生は目標に取り組むためにたくさんの教材を用意してきました。
　でも、ケンタさんは、課題学習の色板のパズルで「赤」という色の名前を覚えたはずなのに、帽子の色が「赤」だということはわかりません。
　先生はどうしたらよいか悩んでいます。

ここがポイント！

　授業の中だけでなく一日の学校生活を通して、目標に取り組む学習の機会を考えてみましょう。

このように考えてみましょう

　授業の中では、子どもの目標への取り組みを意図的に設定した学習活動を展開することができます。しかし、重い障害のある子どもにとっては、ある特定の場面で学んだ力を他の場面で発揮することは、案外難しいことです。

　子どもたちにとって、学校での学習の機会は、授業の中だけではありません。朝、登校してから、下校するまでの一日の学校生活を振り返ってみると、目標となっている力を育む機会がたくさんあることに気づくでしょう。

　学校の一日の生活の中で学習機会を設定することには、次のような利点が考えられます。

① 子どもにとってわかりやすい自然な文脈で、必要な力を身につけることができる

　授業は教員が特別な意図をもって設定した状況で行われますが、生活の中での学習機会では、子どもが毎日行っている活動の中で、子どもにとってわかりやすい自然な場面で、子どもが実際に生活で使う力を直接身につけることができます。

② 目標に取り組む練習がたくさん行える

　授業の限られた時間の中だけでなく、同じ目標に様々な場面で取り組むことで、子どもにとってはたくさんの練習の機会を持つことになります。

③ 家庭生活への般化がしやすい

　学校生活の中での取り組みを受けて、家庭での生活で同様の取り組みができやすくなります。「こんな支援があるといいよ」という情報とセットで、保護者の方に伝えましょう。

Ⅳ　学習活動の展開

具体的な実践に向けて使えるツールポイント

一日の学校生活の流れの中で目標に取り組む学習の機会は、例えば、次のような表を作成して、学校生活のどの場面でどのような学習の機会を設定するか、確認することができます。

一日の学校生活における個別目標への取り組みの機会の例

	①色の名前がわかる	②３つの中から選ぶ	③小さいものをつまむ
登校時（バスから教室まで）	○スクールバスの色		○出席ボードの操作
朝のしたく（整理・着替え）	○友だちの連絡帳の色		○タオルのひもかけ
水分補給	○友だちのコップの色		
トイレ			○鍵をつまむ
朝の会		○演奏する楽器	○名前カードのひも
授業「みること・きくこと」	○		○
授業「音楽」	○	○	
給食		○食べる順番	○手でつまんで食べる
昼休み		○読みたい本	
授業「課題学習」	○	○	○
帰りのしたく	○友だちの連絡帳の色		
帰りの会			○
下校時（教室からバスまで）	○スクールバスの色		○出席ボードの操作

これらの機会は子どもにかかわる教員同士で共有することが不可欠です。また、多くの内容を盛り込むよりも、具体的に実行可能な内容に確実に取り組みましょう。子どもができたかできないかの評価だけでなく、支援の仕方についても検討し共有するようにしましょう。

これを実践してみたら……

ケンタさんの担任の先生は、他の先生と一緒に、授業や課題学習以外の生活場面において、ケンタさんの目標に取り組むことのできる場面を検討してみました。

「色のマッチングと名前」に関する目標については、毎朝登校した時にケンタさんがよく見ている、大好きなスクールバスのコースの色（赤、青、緑、黄色、茶色）について取り組むことがよい機会なのでは、と考えました。

ケンタさんは、バスを見ながら言葉のやり取りをしたり、色カードでマッチングしたりすることにとても興味を持って、意欲的に取り組んでいます。朝、ケンタさんと一緒にいる先生が、必ずこの活動をケンタさんと行うことにしています。

先生たちは、ケンタさんが目標に取り組む次の機会として、朝の会や帰りの会の準備場面を検討中です。ケンタさんに、連絡帳に張った色を手がかりにしながら、連絡帳をお友だちに配るお手伝いをしてもらおうと考えています。

こんな場合を考えてみましょう！

皆さんが担任している子どもの目標について3つ挙げてください。「一日の学校生活の流れと目標に取り組む学習の機会」の表を参考にしながら、その子どものどの目標について、どんな場面で取り組むことができそうか、考えてみましょう。子どもが興味をもってすぐにでも取り組めそうな内容、人的条件などから取り組みが可能な内容等、優先順位をつけて、一つでも続けて取り組んでみましょう。

もっと知りたい人はこちら

1) リンダ・M.・バンバラ，フレヤ・クーガー（2005）選択機会を拡げるチョイス・アレンジメントの工夫（訳：三田地真実）学苑社.
2) クリスティ・プリティフロンザック，ダイアン・ブリッカー（2011）子どものニーズに応じた保育：活動に根差した介入（監訳：七木田敦・山根正夫）二瓶社.
3) Sandal, et..al.（2008）Building blocks for teaching preschoolers with special needs（2nd ed.）Paul H Brooks.

2 個別学習と集団学習の考え方

こんなことはありませんか？

　肢体不自由と重度の知的障害を併せ有しているエミリさんが小学部に入学しました。保護者は『集団の中で様々な人とのかかわりを持ちながら生活させたい』という思いがあります。

　そこで、「個別学習でやった楽器演奏を、大きな集団の中でもできるようにする」という目標を立てました。

　しかし、大きな集団の中ではエミリさんの動きが固まってしまいます。個別的な学習を多く設定していますが、保護者からは「集団生活を経験させるために学校に通っているのに……」と言われてしまいました。

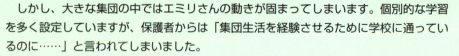

ここがポイント！

　個別学習と集団学習の意義や設定する目標の違いを共通理解しましょう。また、慣れた指導者との関係の中で培った力を集団の中で生かせるように段階的に取り組みましょう。

このように考えてみましょう

子どもは信頼している人と一緒にいると、精神的に安定した状況で力を発揮します。障害の重い子どもの場合、まずマンツーマンの指導で教員との信頼関係を築き、それを土台にしてコミュニケーションが展開してきます。その子どもが何を思い、どうしたいと考えているのかを中心に据え、子どもの思いに沿った支援をしていきましょう。

① 個別学習と集団学習の意義と目標を確認しましょう

	意　義	目　標
個別学習	・特定の具体的な知識や能力を身につけさせるための指導内容が設定される。 ・学習に向き合う態度を育んだり、じっくりとスキルアップをねらったりできる。	・教材・教具を介した指導、身体の動きの指導、摂食指導、医療的ケアなど、様々な場面で、1対1のかかわり合いを通してコミュニケーション力を深める。
集団学習	・態度や意欲の形成、あるいは経験の拡大などを意図とした指導ができる。 ・子ども同士のかかわりや協働的な活動など、集団のダイナミズムを生かした指導が展開される。	・特定の慣れた指導者との関係をベースにし、その先生がそばについて集団に入ることができる。 ・協働的な学習機会を通して助け合いや協議することを学ぶ。 ・周囲からの賞賛を通して、主体性・自発性・自己肯定感を育む。

個別学習と集団学習のそれぞれの特性を理解して関連させていく視点を持ち、日々の指導実践に取り組むことが大切となります。また、子どもが自ら働きかける能動的な個別指導を心がけることで、日常場面とのつながりは深くなり、集団学習に直接つながる力を育むことができます。

② **個別の指導計画に記載されることの重要性を確認しましょう**

　集団学習の中での個別的な対応が行われるためには、個々の子どもの個別の指導目標があらかじめ明確になっていることが前提となります。指導のねらいを達成するために、メインティーチャーとサブティーチャーの役割分担を明確にして指導に臨むことが大切です。

　予定されている集団学習の内容を十分に理解し、期待感や連帯感を持って参加することにより、自主的な活動を引き出し、人とのかかわりをねらいます。

③ **集団参加を目指す意味を考えましょう**

・友だちの様子を見ることでモデルとなり、学習を促進する。
・仲間からの承認や激励が、学習への動機付けとなる。
・社会的関係が集団学習の中で成立する。
・校内で専門的な知識・技能を有する教員が指導を担当したり助言したりする体制作りにつながる。

　このようなねらいが考えられます。また、集団学習に前向きな気持ちで参加するためには、個別のかかわりによって気持ちが十分安定していることが必要です。集団学習でも、可能な限り個々の子どもの実態に応じた対応を行っていきましょう。

●●●● 具体的な実践に向けて使えるツールポイント ●●●●

　大切なのは『集団生活を目指すにあたっての配慮事項』と『集団参加へのプロセスと各段階の目標』です。
　その配慮とタイミングは、子どもの成長や集団の大きさや構成によって変化させていくことも大切で、やがて子ども自身がその感覚を身につけてくれるようサポートしていくことが、集団参加に向けてかかわる側の役目です。

　エミリさんは不安が強く、慣れない場所や慣れない人への警戒心があるために動きが固まってしまうと判断しました。できるだけ環境の変化を少なくするために、「人・場所・活動」の３つに分けて配慮事項を考えました。

集団生活を目指すにあたっての配慮事項の例

人　：よく知っている担任→同じ学年の教員→慣れていない教員
　　　（他の例：異性の支援者、支援者の年代、親しい友だちの参加の有無　等）
場所：個のスペース→教室→プレイルーム→体育館やグラウンド
　　　（他の例：ついたての有無、音の反響、支援者の位置　等）
活動：慣れた活動→以前にやったことのある活動→初めての活動
　　　（他の例：にぎやかさの度合い、事前学習の有無、集団の規模、参加時間　等）

上記以外にもエミリさん自身の睡眠時間、体調、家庭での様子、などにも配慮が必要です。

集団参加の苦手な子どもは繊細なので、事前に予定を知らせ、活動しやすい環境や雰囲気を整えます。

しかし、タイミングが少しでもずれてしまうと子どもは不安になり、集団にうまく参加できなくなってしまいます。エミリさんの場合、上記の人、場所、活動の視点で、エミリさんにとっての環境の変化が一つになるよう配慮しながら進めました。

子どもとかかわる者の関係が育ってきた時に大切になってくるのが、集団参加へのプロセスと各段階の目標です。下記の表に集団参加へのプロセスと各段階の目標の例を挙げました。エミリさんの場合、1対1の学習場面では担任とスムーズにコミュニケーションができることから、プロセス②から挑戦してみました。

◆子どもの状況にあわせることが重要で、場合によっては「プロセス①で特定の指導者と安定した関係で力を培い、その指導者と一緒に集団の中で力を発揮する」という方法も考えられます。

集団参加へのプロセスと各段階の目標

段階	かかわり方	人・場所・活動	各段階の目標
プロセス①	指導者とかかわる		・安心して活動できる配慮された環境でやり取りがスムーズに進行できる。 ・自分のペースがある程度保障されていれば安定した生活ができる。
プロセス②	違う指導者とかかわる	慣れた場所で慣れた活動を行う	・○○先生と上記のことができる （例：男性教諭ともかかわれる）
プロセス③	広い場所でかかわる	慣れた支援者と慣れた活動を行う	・違う学年の児童がいても、プレイルームでやり取りができる。（例：授業中のプレイルーム→休み時間中の体育館→授業中の体育館……）
プロセス④	他者を交えてかかわる	慣れた場所で慣れた活動を行う	・学年の活動に参加できる。 （例：最後尾に並ぶ→R児の隣で参加する→一緒に作業する→学部の活動）
プロセス⑤	大きな集団でかかわる		・学校行事に参加できる →目標の到達点

これを実践してみたら……

　個別学習で身についたスキルを集団の中で活かしていくためには、学習経験や成功経験を積み重ねることが必要です。エミリさんは友だちからの声かけに対してほほ笑む様子が見られ、簡単な質問に対しても手の動作や表情、発語によって自分の気持ちや答えを表現することもできるようになりました。

　これらのことは、学芸会でも活かされ、練習にも笑顔を見せながら参加できています。周囲の友だちは、指さし、サイン言語、絵や写真、文字の伝達様式を用いたコミュニケーションを用いてエミリさんに接してくれるようになりました。

　集団学習をすることで、主となるやり取りの相手は教員であったとしても、個別学習で培われてきた「見る、待つ、表現する、やり遂げる」などの基本的なルールが、集団学習でも身についてきたことがわかります。1対1の関係から1対複数といった関係性の拡大がねらえた点や、互いの学習活動を見合えた点が大きな効果でした。

こんな場合を考えてみましょう！

高校2年生のケンタさんは、来月、進路の実習に行くことになりました。その実習先で行う作業は、主に、お菓子の箱の組み立てです。ケンタさんは、先生と個別学習の中で練習して上手に組み立てられるようになりました。でも、ケンタさんは、新しい場所や新しい人とかかわることが苦手です。というのも、ケンタさんは慣れた人とであれば簡単な言葉でコミュニケーションできますが、慣れない人にはなかなか伝わらないからです。ケンタさんの実習までの準備学習のステップを考えてみましょう。

もっと知りたい人はこちら

1) 阿部芳久著（1997）障害児教育　授業の設計，日本文化科学社．
2) 社会福祉法人全国心身障害児福祉財団（2008）障害が重い子どものための授業づくりハンドブック．
3) 西川公司監修・筑波大学附属久里浜特別支援学校編著（2010）あなたの授業をアシスト　明日から使える自閉症教育のポイント−子どもに学ぶ6年間の実践研究，ジアース教育新社．
4) 全国特別支援学校肢体不自由教育校長会編著（2011）障害の重い子どもの指導Q&A　自立活動を主とする教育課程，ジアース教育新社．

Ⅳ　学習活動の展開

3　課題が異なる子どもたちが参加する集団学習活動の組み立て方

こんなことはありませんか？

知的障害と自閉症があるケンタさんが高等部に進学しました。中学部での作業学習では、視覚的に見通しをもたせると、初めてのことでも取り組めることができました。すべての工程を一人でやらないと気がすまないことがあったり、集中時間が短かったりすることが課題です。

肢体不自由と重度の知的障害があるエミリさんも高等部に進学し、作業学習ではケンタさんと同じく革工班になりました。

革工班の6人の生徒は課題がそれぞれ異なり、どのように活動を進めたらよいか、3名の担当者は困っています。

ここがポイント！

子どもの特性を考え、分担して作業に取り組みましょう。そのために、それぞれの子どもが得意なことやできることを活かしてみんなで一つの製品を仕上げる方法を探り、集団学習の意義を高めていきましょう。

このように考えてみましょう

　障害の種類や程度はそれぞれ異なりますが、個々の目標に合わせた作業内容、作業方法を工夫することにより、同じ場で学習活動に取り組むことができる方法を考えます。集中時間が短い、手順を理解するのが難しい、手足の動きに制限がある、感覚の過敏さがある、言葉だけでの指示だと伝わりにくいなど、一人一人の実態は異なります。一人でも多くの子どもをどういうふうに作業学習に参加させていくかを次の3つの視点から考え、「できる」「わかる」環境作りをしていきます。

① 作業手順の提示の工夫
・文字・図・写真などでスケジュールを提示する。
・ビデオで工程を確認できるスペースを設置する。

② 作業環境の工夫
・作業時間の提示（終了時刻・目標の数）をする。
・仕事量を伝え、見通しを持たせる。
・子どもの特性に応じて流れ作業か個人作業か選択する。
・無駄のない作業動線を整備する。
・休憩場所を用意する。
・補助具やパーテーションを活用する。
・道具の置き場をわかりやすく表示する。

③ 人的環境の工夫
・教員が声をかけやすい配置にする。
・子どもが報告やヘルプの表出をしやすい配置にする。

●●●●● 具体的な実践に向けて使えるツールポイント ●●●●●

　今回取り組む「コースター作り」の作業工程を書き出しました。そして、子どもの実態を工程ごとにチェックしてみました。個人の目標と照らし合わせながら、一人一人の特性に応じて「できる」「わかる」環境を作ることで、6人全員でコースターを完成させていきます。

コースター作りの作業工程と子どもたちの分担

コースター作りの工程（難易度）	Aさん	ケンタさん	エミリさん	Dさん	Eさん	Fさん
1．裁断　　（高）	○	△	△	◎	△	△
2．模様入れ（中）	○	○	△	◎	○△	□（シート）
3．色付け　（中）	◎	◎	△	◎	□（グリップ）	○
4．乾燥　　（低）	◎	□（イヤーマフ）	□（スイッチ）	◎	□（スイッチ）	○
5．ニス　　（中）	◎	○	△	◎	□（グリップ）	△
6．貼り合わせ（中）	○	○	△	◎	△	△

指導者	J教諭	K教諭	L教諭

　表を見ながら、上図の太枠（青線）のように作業分担を決めました。支援の手厚さも同時に考えられ、作業全体が滞りなく進むよう担当者を配置することができます。

　特性（好み・集中時間）を考慮し、ケンタさんにはJ先生がほぼマンツーマンでつき、1から6までの工程を一人で行うことにしました。作業手順がわかり、見通しが持てるようになると、一人で行える工程が増えました。このようにして、自分が参加して作ったという達成感が持てるようにし、でき上がったときは「すごい、できたね。」とたくさん褒めました。

　K先生はエミリさんとDさんの支援を担当しますが、Dさんは作業能力が高いため、確認程度で作業を進められます。よって、エミリさんの個別的なサポートができるように配慮しました。

③ 課題が異なる子どもたちが参加する集団学習活動の組み立て方

これを実践してみたら……

　一人一人の特性に応じた作業環境を整え、できることを生かしながら一つの製品（今回はコースター）を作ることができました。それぞれの場面で、自分で考え、基本的な欲求を十分に満たすことができ、お互いを認め合うこともできるようになってきました。

　回を重ねると、ケンタさん自身が何をするのか理解するようになりました。裁断の手際良さが周囲に認められ、第１工程を一人で任せられるようにもなりました。Aさんは「ケンタさんのように一人で作りたい」と要望し、支援を受けながら全工程を一人で作製したものを保護者にプレゼントし喜びを実感していました。

　エミリさんも「乾燥」の工程のスイッチ係として友だちや先生から頼りにされています。作業後の反省会では、自分の頑張りを発表する時間を設定することで、相互のかかわり合いを通して互いを認め合う場となりました。ケンタさんやエミリさんが将来的に通う可能性のある福祉施設では、様々な障害のある人が一緒に利用しています。学校でのこのような経験は、ケンタさんやエミリさんの将来の生活に結びつくことになると考えています。

こんな場合を考えてみましょう！

　中学部２年生では、エミリさんとショウさんが同じクラスです。朝の会の当番等、これまで順番に一日一人ずつ、全員が交代で行うことになっていました。でも、クラスの先生たちは相談して、それぞれの子どもの得意技で係活動をしよう、ということになりました。エミリさんは牛乳パックを数えて配ったり、飲んだ牛乳パックを集めたりする「牛乳係」を担当し、ショウさんは、最近上手になってきたスイッチで音楽を鳴らす「ミュージック係」を朝の会や給食後のリラックスタイムに担当します。二人とも自分の役割を意識して係活動に楽しく取り組み、だんだん仕事も上手になってきているようです。この「係活動」が子どもそれぞれの自立や社会参加への意識に及ぼす影響について、考えてみましょう。

もっと知りたい人はこちら

1) 小出進（1992）実践作業学習　働く力を育てるために，学習研究社．
2) 国立特殊教育総合研究所（2005）自閉症教育実践ケースブック　より確かな指導の追究，ジアース教育新社．

Ⅳ 学習活動の展開

4 交流及び共同学習における活動の展開①

こんなことはありませんか？

エミリさんは小学3年生です。視覚障害・知的障害・肢体不自由があるため、自分の身の回りで起こっていることを把握することが苦手です。そんなエミリさんですが、学校内の生活は毎日同じように行われる繰り返しの活動が多いこともあり、安心して過ごす場面が増え、積極的に自分から活動に参加しよう、という場面も見られています。しかし、年2回行われている小学生との交流活動はつまらなそうな、拒否的な様子です。そんなエミリさんの様子に、交流先の小学生もどうかかわっていいのかわからず困っています。

 ## ここがポイント！

　ポイントは2つあります。まずは、「エミリさんへの支援をどうするか」です。そしてもう1つは「かかわる小学生への支援をどうするか」です。
　「エミリさんへの支援」は状況をエミリさんへわかりやすく伝える、ということです。エミリさんの障害の特性を考えて、それに応じた状況の説明の仕方を考える必要があります。
　「かかわる小学生への支援」はそんなエミリさんの特性を小学生にわかりやすく伝える、というのがまず一点です。そして、その特性に応じたかかわり方のポイントを説明すると共に、具体的に行ってみる、ということです。

このように考えてみましょう

① エミリさんへの支援

エミリさんは視覚障害・知的障害・肢体不自由があります。障害の特性から、エミリさんのニーズと状況がわかるための支援を整理してみましょう。

『視覚障害』- 物を「見て」判断することに困難があります。「見る」以外の手段を考えてみましょう。例えば、「触る」です。実際に物に触れることが判断材料の一つとなります。そして、音がするものであれば、その物の「音」を聞く、匂いがあればその「香り」を確かめ、味わうことができれば「味」も確かめます。このように五感をフルに使って伝えたいものの情報を提供します。「視覚」「聴覚」「触覚」「嗅覚」「味覚」です。

『知的障害』- エミリさん自身の理解力がどのくらいか？というのも大切なポイントです。もしも言語で説明するだけで理解する力を持っていなければ、説明の方法も工夫しなければいけません。なるべく具体物を使用して、先ほどの五感を使って見えなくても少しでも「具体的なイメージ」がわく方法をとらなければいけません。

『肢体不自由』- 自分で好きなところに行くことも、嫌いなところから逃げることもできません。

これらのことを考えて、エミリさん自身が場面や場所、人をどのようにとらえているのか？状況を伝えるためにどのような支援が必要か？について、改めて整理しましょう。また、エミリさん自身が使いこなしているコミュニケーション方法を一般的に多くの人にわかるような方法として確立していくことも教員の使命です。

② 小学生への支援

まずは、「エミリさんへの支援」で整理した、彼女の特性を伝え、どのような配慮が必要なのかを伝えます。具体的に言うとお互いの自己紹介をする時にただ自分の名前だけを「私は○○です」と伝えても伝わらないということです。自己紹介もエミリさんにわかりやすくする、という実演をまずは担当の教員が小学生や小学校の教員の前でやって見せるとよいと思います。具体的な方法を見せる、というのがまずは支援としての第一歩です。

そして、次はエミリさんとのやりとりをしている様子をやはり実演で見てもらう、というポイントがあります。やりとりをしているエミリさんの得意そうな表情を見ることで、そして、実際にエミリさんとやりとりを行い、「挨拶ができた」と、実感してもらうことで、小学生にもエミリさん自身にも大きな自信につながり、さらにやりとりをしてみたい、という気持ちを育みます。

また、エミリさんが好きなことや得意なことについて、小学生にアピールする場面を工夫しましょう。

具体的な実践に向けて使えるツールポイント

　ある学校では保護者が中心となって「いつでも（I）・どこでも（D）・誰にでも（D）・子どもの気持ちを伝える本『IDDブック』」というものを作成しました。
　この本の趣旨は次のようなことです。

　　　　　この本は、ぼく・わたし　が持っている「サイン」の通訳本です。
　　　　　　　　　ぼく・わたし　の言葉や気持ちが
　　　　　　　いつでも・どこでも・誰にでも　伝われば、
　　　　　もっともっと楽しく自分らしい生活が送れるはず！
　　　　　そうなっていくことが、ぼく・わたし　の願いです。

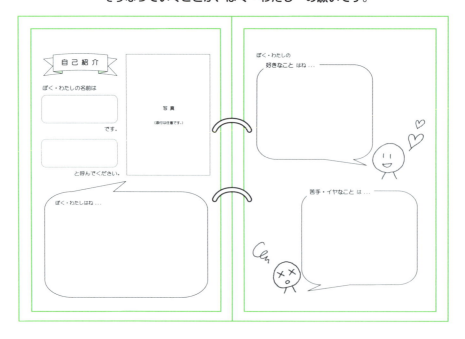

「ぼく・わたしがこんな風にするのは…」→「こういう意味なんだよ」
「たとえば……」（具体例など、補足があれば記入）

<記入例>

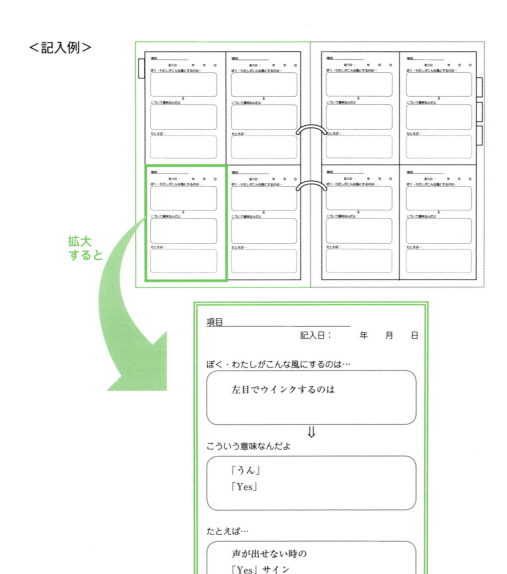

IV 学習活動の展開

　手厚い支援を必要としている子どもたちはどうしてもお世話されることが多く、受身の生活になりがちです。このIDDブックには、子ども自身が「主体的に生きていこうという気持ち」を育てたい、「主体的に生きていってほしい」という願いが込められています。

　お母さんや教員と一緒にやっているやりとりは「お母さん」「教員」という特定の人だからできるのではなく、「誰とでも」できること、それを文字に表したものが「IDDブック」です。この「IDDブック」ほど明確ではなくても、保護者や特別支援学校の教員は子ども各自の「サイン＝ことば」を読み取ってやりとりを成立させているはずです。それらのやりとりは誰とでも一緒にできる、ということを多くの人に体験してほしいです。体験した人はきっともっともっと「やりとりをしてみたい」という気持ちになるでしょう。そしてそれはかかわり手側だけではなく、当事者である子どもたち自身が一番感じることでしょう。

これを実践してみたら……

　まずは、エミリさんへの交流の予告として「交流」を表すテーマソングを決め、交流が始まる時に小学生に歌ってもらうことにしました。そして、交流がある日は朝からそのテーマソングを聴くことで「今日は交流があるんだ」とエミリさんが見通しをもてるようにしました。見通しをもつことで安心して活動へ気持ちを向けることができるようにするためです。この取り組みを始めたことで、エミリさんの心配そうな様子は見られなくなりました。

　そして、小学生にはエミリさんの挨拶は挙がった右手に手を重ねるタッチ、ということを実演してみせました。エミリさんが挨拶する様子を目の当たりにした小学生は、積極的にかかわろうとすることが増えてきました。エミリさん自身もたくさんの小学生と挨拶をすることができた、ということに達成感を得ているようで、つまらなそうな様子がなくなりました。そして小学生はもっと他のエミリさんの「サイン＝ことば」を知ろう、という気持ちで積極的にエミリさんのことを担任の教員に聞いてくるようになりました。

こんな場合を考えてみましょう！

　メグさんは小学部3年生です。今日は1年生の時から続けている、近くの小学校での交流及び共同学習に行きます。メグさんは顔見知りの3年生の友だちと会えるのを楽しみにしています。メグさんは、補聴器を使って話を聞き取ることができますが、言葉を続けてしゃべられたり、多くの友だちから一度に話しかけられたりすると、聞き分けることができなくなります。机やいすがガタガタして雑音が大きくなると聞きにくいようなので、交流をする学級には、机といすに使い終わったテニスボールがはめられています。小学校1年生の時からのルールがあります。それは、「メグちゃんに話しかける人は、手を挙げて『ぼく・わたしがしゃべります』と言って、メグさんと目をあわせてから話しかける」ということです。また、メグさんができる簡単な手話や指文字も、お友だちは覚えて使ってくれています。

　今日の交流活動のテーマは「好きな動物」でした。メグさんが「わたしはハムスターが好きです。みんなは何が好きですか。」と手話と指文字で質問すると、お友だちは一人ずつメグさんの顔を見て、指文字で答えてくれました。帰りには、お友だちそれぞれが、好きな動物を描いた絵カードをくれました。その絵カードは、メグさんの宝物になりました。

　メグさんやエミリさんのエピソードのように、同世代のお友だちと一緒に活動できる機会があることの意義を考えてみましょう。また、子どもたちの間でコミュニケーションがうまくいくために、学校が行うべき準備を考えましょう。

もっと知りたい人はこちら

1) 岩根章夫（2005）コミュニケーションの理屈を考える，こころリソースブック出版会.
2) 鯨岡峻（1997）原初的コミュニケーションの諸相，ミネルヴァ書房.
3) 坂口しおり（2006）障害の重い子どものコミュニケーション評価と目標設定，ジアース教育新社.
4) 田島信元（2003）共同行為としての学習・発達，金子書房.

Ⅳ　学習活動の展開

5　交流及び共同学習における活動の展開②

こんなことはありませんか？

　5年生になったショウさんは、居住地校交流を行うことになりました。地域の小学校はショウさんが通う特別支援学校のすぐそばにあります。保護者も担任も、ショウさんが行事などの特別な時間だけではなくて、5年生の通常の学級の普段の授業にも参加して、同学年のお友だちにショウさんのことをよりよく知ってほしいと願っています。ショウさんが通常の学級の授業に参加するときの支援について、どのように考えればよいでしょうか。

ここがポイント！

　交流及び共同学習によって互いの児童が相互理解を深めていくためには、ある程度の回数を重ねることが大切な要素の一つです。条件が整えば、特別ではない普段の交流によって積み重ねができることが望ましいです。手厚い支援を必要としている子どもが通常の学級に授業に参加する際には、子どもたちがお互いの良いところや苦手なところを知ること、交流学級の担任と打ち合わせること、その子どもの学びを考えることがポイントです。

このように考えてみましょう

① お互いの良いところや苦手なところを知ること

　交流及び共同学習では、相互理解を目指していきます。相互理解とは、お互いの良いところや苦手なところを知るということです。

　それは、教員から一方的に伝えられるということではなく、子ども同士のかかわりの中で、子ども自身の気づきとして得られることが望ましいと考えられます。子どもたちが授業の中で場を共有しながら、それぞれのできることを見せ合うということが必要です。例えば、音楽の授業で、子どもたちが得意な楽器を持ち寄り合奏すると、それぞれの音が重なり合い、お互いに満足感を得られます。発表に向けて、練習の段階からずっと一緒に練習することで、一体感が得られやすくなります。

　また、図工の授業では、教員が手厚い支援を必要としている子どもと一緒に取り組んでいる姿を見せることで、どんな支援が必要なのかを周りの子どもたちが理解します。休憩時間などにお互いの作品を見せ合いながら、話をしていくことを積み重ねることで、お互いの良さを理解できるようになるでしょう。

② 事前の打ち合わせを行うこと

　通常の学級ではかなり厳密に授業時数や授業内容が決められており、それを変更することは、通常の学級の担任に相当の負担をかけることとなります。交流の回数を重ねるには、通常の学級の授業内容を大きくは変えずに行う工夫が大切になります。手厚い支援を必要としている子どもの担任は、教科書や指導書を参考にするなどして通常の学級で行う学習の内容や目標について把握しましょう。また、交流学級の担任と打ち合わせを行い、授業内容や進め方を理解しましょう。回数を重ねることで、交流学級の担任からも、授業の中で、手厚い支援を必要としている子どもが参加できる活動について、アイデアをもらえることもあるでしょう。

③ その子の学びを考えること

　通常の学級の授業では、お友だちと場を共有しながら、手厚い支援を必要としている子どもの活動をどのように組み込んでいくか、を考えることがとても重要です。ショウさんの場合、普段学習している自立活動の目標について、交流する授業の中で取り組む活動場面を探します。次に、参加する授業におけるショウさんの目標を設定し、目標達成のための手立てや教材を用意していきます。そして、どのような形で授業に参加するのか、交流学級の担任と打ち合わせをしておきます。

　例えば、理科の授業に参加する場合、その時間で行う実験の学習活動を確認し、その中で、どの場面でショウさんの学習を保障できるかを検討します。ショウさんの場合、提示された物に注目するという目標について、実験している場面をカメラで撮影し、撮影した画面を見せるという手立てをとり、目標達成を目指しました。他の児童もショウさんの学習の様子を見ることで、自分たちもどのようにショウさんとかかわると良いのかを知るきっかけとなります。こうすることで、交流学級の担任もショウさんの担任も無理することなく、交流及び共同学習を行うことができます。

具体的な実践に向けて使えるツールポイント

ショウさんの担任は、通常の学級のそれぞれの授業の内容を把握した上で、ショウさんにどのような目標を立てていくかを考えるツールとして、評価シートを作成しました。記録を簡便にするために、ショウさんの普段取り組んでいる自立活動の目標は、大きく「表出」に関すること、「受容」に関すること、「身体」に関することの3つに分けて検討することにしました。

評価シートの記入例

7　　　月曜日　　　　　　　　　　　　　　　第20週

教科	題材 学習内容	目標			具体的目標	評価			具体的評価
		表出	受容	身体		表出	受容	身体	
朝の会 朝の活動	あいさつをする		○	○	友達から声をかけられたら手を挙げて返事をする。		○	△	相手を見ることはできていたが、手を挙げていなかった。
図工	粘土でカップを作る		○	○	教師と一緒に粘土を握ってひもを作る。 粘土の温度の違いがわかる。		◎	○	温かい粘土を握ったときだけ握り続け、冷たい粘土はすぐに手を離していた。
音楽	リコーダー演奏		○	○	自分の音に耳を傾ける。 曲の最後までリコーダーを握り続ける。		○	△	目を閉じて聞き入っていた。 途中でリコーダーを離してしまう。
中休み	友達と遊ぶ	○	○		何をしたいのか、カードのどちらかを視線で選ぶ。	◎	○		3つのカードから選ぶことができた。

この評価シートでは、それぞれの授業の学習内容を書き入れ、どの場面でショウさんの目標にかかわる活動ができそうか検討し、具体的な目標を記入していきます。授業後はその評価をして次の学習につなげていきます。

教員が頭の中でこの作業を行うよりも、シートとして作成することで、他の教員や保護者とも共有でき、たくさんのエピソードを記録として残すことができます。また、データとして蓄積することで、自立活動の目標の達成状況なども客観的に評価でき、次の活動につなげることができます。

これを実践してみたら……

今回の居住地校交流では、ショウさんは、音楽の授業に参加しました。参加した単元ではリコーダーの演奏をします。ショウさんは、人工呼吸器を使用しているのでリコーダーを吹くことはできません。しかし、担任の先生は交流学級の先生と相談し、人工呼吸器の呼気を使って担任がタイミング良く音を出すことで、自分で音を出しているという実感が持てるように工夫しました。ショウさんの自立活動の目標には「聞き慣れた音楽に耳を傾けることができる」「様々な感触のものを一定時間持ち続ける」といった目標があります。そこでこの時間の目標は「自分の呼気で鳴らしたリコーダーの音に耳を傾けることができる」「曲が終わるまで（2分程度）、リコーダーを持ち続けることができる」と設定しました。

実際の授業では、はじめは大きな音にびっくりして手をリコーダーから離していましたが、徐々に慣れて、自分の音が鳴ると目を閉じて聞き入っているような様子が見られました。リコーダーもだいぶ上手に持つことができるようになりました。周りの子どもたちも、ショウさんが何度も練習に参加するうちに「今日は上手に笛をもっていたね。」「今日の音はきれいだったよ。」とショウさんの良いところを言葉で伝えてくれるようになりました。

ショウさんはその単元の最後にリコーダーのテストにも参加しました。人工呼吸器と音楽のリズムが合わないことがありましたが、最後まで吹ききりました。交流学級の担任の先生は他の子どもと同じように評価しつつもショウさんも一緒にリコーダー演奏ができることを喜び、その後の学習発表会でもショウさんにリコーダーのパートをしてほしいということを伝えました。学習発表会でもリコーダー演奏を披露し、ショウさんの両親はとても喜んでいました。

こんな場合を考えてみましょう！

このショウさんのエピソードでは、居住地校交流として、小学校の通常の学級の授業に定期的に参加していました。でも、手厚い支援を必要としている子どもの居住地校交流では、一般的に、年間数回程度の行事的な参加が多いようです。このショウさんのように、継続して交流及び共同学習ができることで、ショウさん、通常の学級のお友だちのそれぞれには、どのような学びがあると考えられますか。また、その学びと、行事的な交流及び共同学習での学びとはどのような違いがあるでしょうか。

もっと知りたい人はこちら

1) 文部科学省　交流及び共同学習ガイド，文部科学省ホームページ．
2) 齊藤由美子（2006）アメリカ合衆国における重複障害のある児童・生徒のカリキュラム：一般の教育カリキュラムへのアクセスと学習の保障を目指す試み．平成16-17年度課題別研究報告「重複障害のある児童生徒のための教育課程の構築に関する実際的研究」国立特殊教育総合研究所．

⑤ 交流及び共同学習における活動の展開②

コラム② インクルーシブ教育システムと教員の専門性

　インクルーシブ教育システムの構築が進む現在、交流及び共同学習が推進され、数多くの手厚い支援を必要とする子どもが居住地校交流や学校間交流を行っています。また、2013年に就学先決定の仕組みが「就学基準による決定」から「本人・保護者の意向を尊重し総合的判断による決定」に変更されて以降、地域の小学校や中学校の特別支援学級等を学びの場とする手厚い支援を必要とする子どもは増加傾向にあります。このような状況下において、学校の教員にもこれまで以上に様々な専門性が求められています。

　インクルーシブな教育の仕組みを日本より先行して実施している米国の事情を紹介しましょう（齊藤、2011）。米国の教育制度には、「障害のある子どもの教育については地域の学校の通常の学級を基本的な教育の場とし、そこで様々な支援を行ってもその子どもの教育ニーズが満たされない場合に、リソースルーム、特別学級、特別学校等、代替の教育の場を検討する」、また「障害のある子どもも通常の教育カリキュラムにアクセスしその中で発達する権利がある」という、インクルーシブ教育への志向があります。特別教育の教員は特別教育について、通常教育の教員は教科の学習について、それぞれの専門性に責任をもちながら、互いに連携して障害のある子どもの教育を進めています。現在は、学習のユニバーサルデザインに関する知識や技術が、通常教育及び特別教育の双方の教員にとって重要な専門性の一つとしてクローズアップされています。

　もう一つ紹介したいのは、時代や状況を超えて、教員の専門性の本質を考える際に参考となる視点です。曽余田（2006）はKatzのマネジメント理論を参考に、教員の専門性について、①目にみえる実践的技量（テクニカル：専門的知識や指導技術など）、②内面的な思考様式（コンセプチュアル：ものの見方、創造力・分析力・論理性等、省察・熟考など）、③総合的な人間力（ヒューマン：カウンセリングマインド、対人関係能力、協調性、責任感・使命感など）の3つの視点で整理しています。専門性というと①の実践的技量に目を向けがちですが、手厚い支援を必要としている子どもの教員の専門性としては②にあたる「子どもを見る視点」「状況を分析すること」「かかわりを省察し次の実践につなげること」、③にあたる「保護者の気持ちを汲みながらコミュニケーションすること」「同僚の教員や他職種と連携し協働すること」等は、大変重要な資質でしょう。さらに、これらの資質は特別支援教育・通常の教育に関わらず、すべての教員が共通に有するべき専門性であり、インクルーシブ教育システムにおいて、これまでにない新しい教育を創造していくにあたって欠かせない資質であると思われます。

　本書「ぱれっと」の構成は、①専門的知識や指導技術はもちろん、②内面的思考様式、③総合的人間力についても、読者に気づきをもたらすことをめざしています。

＜参考文献＞
1）齊藤由美子（2011）通常のカリキュラムへのアクセスとそこでの向上－アメリカ合衆国における障害のある子どものカリキュラムについての概念の変遷と現在の取り組み－．世界の特別支援教育，24，53－62．
2）曽余田浩史（2006）新・ティーチングプロフェッション・教師を目指す人へのエール基礎・基本．東洋館出版社．

Ⅳ 学習活動の展開

Ⅳ　学習活動の展開

6　地域資源を活用した学習活動の展開

こんなことはありませんか？

　エミリさんは、小学4年生です。学校ではCDなどの音楽が流れてくると、動きが止まり、音の方に気持ちを向けて聞き入る様子が見られます。また、心地よい気持ちの時には、笑顔や発声がたくさん見られます。くすぐり遊びや大玉に乗って大きく揺すられたりすることが大好きで、笑顔になります。

　毎年校外学習を計画し「ねらい」を立てて実施していますが、学習単元のまとまりの中での「ねらい」で完結してしまっているように感じています。

　「単発の校外学習でどんな力がつくのか？」「校外に出て行き楽しかったけれど実際子どもにとってはどんな力がついたのか？」という疑問が教員には残りました。

 ここがポイント！

　実際の地域での学習経験をスモールステップで計画的・段階的に積み上げていくことが大切です。また、子どもたちが具体的な経験を積み上げる地域に「理解者」を増やしていくことが大切です。

このように考えてみましょう

　単発の行事（校外学習）では、児童の理解に難しさがある場合が多いのではないでしょうか。特に重い障害のある子どもにとっては、単発の取り組みより継続した経験の積み重ねが必要です。

　「地域学習」を地域の様々な人や場所を教材として活用する地域社会と協働した授業として位置付けるならば、地域学習は「地域に出ていくこと」、「地域の人に来てもらうこと」という両方の視点（双方向）で考えることが重要です。

　その際には学校の立地や地域の特色を含んだ地域資源の活用も意識することが大切です。また、年間指導計画に位置付けた連続性・発展性のある取り組みを行っていくことがとても大切です。「地域での理解者」を増やしていくことにより、学校や子どもたちが当たり前に地域に溶け込んでいくのではないでしょうか。

　このような取り組みを行う中で、地域での理解者を増やすことが、子どもが地域で生きるための土壌となるのではないでしょうか。

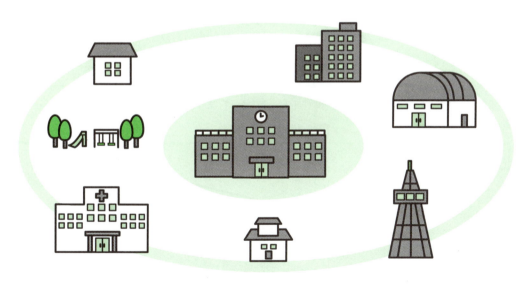

具体的な実践に向けて使えるツールポイント

　地域ボランティアの方との交流活動の展開と、それに伴うエミリさんの個別のねらいの展開について整理しました。

地域ボランティアとの交流活動の展開

授業の展開	全体の活動	エミリさんの個別のねらい
・最初は学校で実施。	・学校の調理室でプリンづくりを行う。	・普段の教室とは異なる場所（調理室）で、期待感を持って活動に取り組むことができる。 ・提示された道具に関心を持ち、働きかけることができる。
・地域の人に来てもらい学校で実施。	・学校の調理室で、地域ボランティアの方と一緒に調理活動を行う。	・地域ボランティアの方と一緒に調理活動ができる。 ・スイッチや調理器具を使うことができる。 ・おいしく試食することができる。
・地域に出かけて実施。	・福祉会館で、地域ボランティアの方と一緒に調理活動を行う。	・友だちと校外に出かけ公共の施設を利用し、社会的経験を積む。 ・地域の人と一緒に作ったデザートを食べる。 ・慣れた指導者を支えにいつもと異なる場所で、普段の力を発揮して活動することができる。

　地域資源を活用した「地域学習」には、様々な内容が考えられます。

「地域学習」の例

- ・地域の公共施設の利用
- ・地域の店舗での買い物学習
- ・公共交通機関を利用した校外学習
- ・地域サークル団体と児童生徒との交流
- ・地域特産物や地域産業の学習をとおした地域の方と児童生徒との交流
- ・地域（公園・施設等）の清掃活動

これを実践してみたら……

学校の先生以外の人とも、学校以外の別の場所でも、少しずつ積み重ねて取り組む中で、エミリさん自身も自信を持って学習に向かうことができました。

先生も少しずつ丁寧に積み重ねることによって、見通しをもって（エミリさんのしんどさ、つまずきなど）支援することができました。

「地域での理解者」が増えてエミリさんに声をかけてくれるようになりました。先生もエミリさんとのコミュニケーションのポイントを初めて会う人にどう伝えればよいか、整理ができました。

「地域での理解者」が増えるに伴って、公共交通機関を使っての外出の機会も増え、改めて先生もエミリさんも公共のマナーや乗り物の乗り方など地域での生活に必要な「社会性」について考え直す良い機会となりました。

こんな場合を考えてみましょう！

ケンタさんは、来月、学校の和太鼓のクラブ活動で練習した成果を、地域のお祭りで発表します。毎年の恒例なので、地域の人たちも楽しみにしてくれています。また、ケンタさんたちにとっても、たくさんの人に練習の成果を聞いてもらえて、達成感のあるイベントとなっています。地域のお祭りで太鼓の発表を見た人から、「スーパーマーケットのイベントに来てくれませんか」と声がかかり、さらに発表の場が広がりました。　皆さんの学校では、地域資源を活用した子どもたちの活動や、地域の方に子どもたちのことを知ってもらう活動として、どのような活動を行っているでしょう。また、学校の教育活動の中でどのように位置づけて、その学習を行っているでしょうか。

もっと知りたい人はこちら

1） 京都府立宇治支援学校　学びのスタイル　地域学習，京都府立宇治支援学校ホームページ.
　　http://www.kyoto-be.ne.jp/uji-s/02_style.html
2） 京都府立宇治支援学校　よりよい授業をめざして−使える事例集，京都府立宇治支援学校ホームページ.

V 評価と計画の見直し

手厚い支援を必要としている子どもの評価と計画の見直し

　学校の教育活動の基になっているものは、「個別の教育支援計画」や「個別の指導計画」です。学校で行われるすべての教育活動は、計画（Plan）、実施（Do）、評価（Check）、改善（Action）という一連のサイクルの中で運営されています。本書「ぱれっと」では、ここまで、手厚い支援を必要としている子ども（及び保護者）を主体とした計画の作成（Plan）と、その実施のあり方（Do）を提案してきました。子ども（及び保護者）にとって、評価（Check）がもつ意味を考えてみましょう。

 評価と計画の見直しについて

（1）評価の考え方

　評価とは、「事実を明らかにし、その事実についての価値判断をすること」です。教育活動の評価では、計画に基づいた教育活動を実施した結果（事実）を明らかにし、よかったかどうかの判断（価値判断）をします。計画通りに目標が達成できたことはもちろん喜ぶべきことですが、さらに、その目標を達成したことで、子どもにとってよい影響をもたらしたか、という判断が必要となることもあるでしょう。

　教育活動の評価には、保護者への説明責任の意味あいもあります。個別の教育支援計画や個別の指導計画で、「このような計画で○○さんへの教育を行います」と保護者と共有した内容について、その結果がどうであったのかを報告し説明することは、教員の大事な仕事の一部といえるでしょう。

（2）子どもと保護者の評価への参加

　さらに一歩踏み込んで、手厚い支援を必要としている子どもの評価では、計画を作成する時と同様に、子どもや保護者、子どもにかかわる関係者などが、評価のプロセスに参加することが望まれます。本書「ぱれっと」で提案しているのは、学校の中だけに限定するのでなく、子どもの家庭や地域での生活の質を向上させる教育計画、また、子どもの現在及び将来の自立と社会参加を目指した教育計画です。教員は、設定した目標が達成できたかどうかについては判断

できます。しかし、その目標達成が、子ども自身の生活の質の向上につながっているか、また、子ども自身が望む自立と社会参加の方向に向かっているか、という価値判断の中心となるのは、教育計画の主体である子どもと保護者です。評価に参加することによって、子ども自身や保護者がより主体的に教育活動に取り組むようになった、というケースもあります。

子ども自身がそのような評価に参加することは、難しい場合もあるかもしれません。その場合は、保護者や教員、関係者が、教育の成果について、その子どもにとっての学びや生活の文脈においてどのような意味をもつのかを推し量り、子どもの立場に沿った評価（価値判断）をしましょう。

また、Ⅱで述べたように、子ども（及び家族）にかかわる関係者や専門家は、子どもと家族のQOLを学校と共に支えていく役割を果たします。教育活動の評価以外に、関係者や専門家のそれぞれの視点からの評価があるかもしれません。それらの評価を共有することで、お互いの評価結果を、子どものために活用することができます。

（3）形成的評価と総括的評価

「教育目標・内容を設定し、教育活動を行った結果について評価・計画の見直しをする」ということは、ある意味、仮説を検証する行為です。「仮説（教育目標・内容の設定）について、それが正しかったか適切であったかを検証（評価）し、検証結果に基づいて改善する（計画の見直し）」ことを行っています。この仮説の検証については、長いスパンで行う検証と、短いスパンで行う検証とを、適切に組み合わせることが必要です。

教育活動の評価には、以下の2つの種類があります。

○ 形成的評価＝教育活動の成果を確かめるために行う評価
○ 総括的評価＝教育活動の成果としての達成や向上の状況を学期末・学年末の時点で総括する評価

毎日の授業で子どものねらいが達成できたか（そのために必要な手立てが用意できていたか）を反省したり、一日の終わりに子どもの様子をかかわる教員同士で振り返ったり、という形成的評価を積み重ねることは、教育活動の要です。会議の時間をしっかりとって振り返ることが難しくても、放課後に掃除をしながら情報共有したり、教員同士で授業の様子を記録票に書き込んで共有したり、といった工夫もよく行われています。このような形成的評価の総まとめが、総括的評価である個別の指導計画の評価や、通知表の評価となります。

手厚い支援を必要としている子どもについては、日々の教育活動の形成的評価の中で、実態把握の段階ではわからなかった子どもの一面を発見したり、子ども自身の体調や行動の変化に気づいたり、ということもよくあることです。実態把握の段階で考えた仮説を改め、新たな仮説を考える必要性が出てくる場合もあります。総括的評価の場面以外でも、以下のような視点を参考にしながら、日常的な教育活動の評価と計画の見直しのプロセスを進めましょう。

① 目標に照らして、子どもがその目標を達成できたか、予想外の行動、小さな変化や気づ

V 評価と計画の見直し

いたことなどを評価し、共有する。
② 客観的なデータをとり、その意味づけについて検討する。
③ その子なりの楽しみ方や価値観の変化などについて、子どもにかかわる他の教員と協議しながら評価する。

（4）計画の見直しにあたっての留意点

先にも述べたように、学校で行われるすべての教育活動は、計画、実施、評価、改善という一連のサイクルで運営されます。単元等（授業毎の見直し）を単位とした授業計画のサイクル、1年間（学期毎の見直し）を単位とした個別の指導計画のサイクル、数年間（1年毎の見直し）を単位とした個別の教育支援計画のサイクル、等があるでしょう。計画に基づいて順調に目標が達成され、新たな目標を設定する場合もあるでしょうし、目標が達成されずに計画の見直しが必要になってくる場合もあるでしょう。また、子どもの目標が達成できたかどうかという評価ばかりでなく、その目標達成を支える指導や支援の仕方や環境設定の在り方を評価し、見直していく視点も大変重要です。

評価を行った結果については、毎日の教育活動における指導・支援の改善につなげていくこととなります。また、個別の指導計画や個別の教育支援計画に反映させます。さらには、個々の子どもの教育活動の評価を総合的に分析し、教育課程の改善にも役立てていくことが期待されます。

② 「ぱれっと」で紹介する評価と計画の見直しの視点

「ぱれっと」では、手厚い支援を必要としている子ども（及び保護者）を主体とした計画の作成とその実施を提案してきました。評価と計画の見直しについても、以下の項目を提案しています。

「1 目標達成が難しい際の振り返りの視点」では、目標の達成ができなかった場合に、目標、手立て、実態把握の内容、評価の仕方を見直すなど、個別の指導計画の内容を確認・吟味し、目標設定を見直すことについて記しています。「2 個別の指導計画の見直し」では、個別の教育支援計画と照らしあわせ、実態把握、目標設定、手立てが、その子にとっての学びにつながっているのか、その構造を見直すことについて記しています。「3 個別の教育支援計画の見直し」では、子どもや保護者の願いを再度確認し、学校における教育活動と家庭生活・地域生活との関連、関係機関との連携の観点から、計画を見直すことについて記しています。最後に「4 個別の教育支援計画と個別の指導計画の連動」では、個別の教育支援計画と個別の指導計画の役割とつながりを再確認し、本人中心の計画の視点を反映することを提案しています。

もっと知りたい人はこちら

1) 梶田叡一・加藤明監修（2010）改訂実践教育評価事典，文渓社.
2) 長尾眞文（2003）実用重視評価の理論と課題．日本評価研究，第3巻第2号.
3) 源由里子（2008）参加型評価の理論と実践．三好皓一編「評価論を学ぶ人のために」，世界思想社.
4) 文部科学省（2009）特別支援学校学習指導要領解説．文部科学省.
5) 龍慶昭・佐々木亮（2004）「政策評価」の理論と技法，多賀出版.

V　評価と計画の見直し

目標達成が難しい際の振り返りの視点

こんなことはありませんか？

　中学2年生のショウさんは、朝の会では、自分の好きな曲が流れるとにっこりします。そこで、担任の先生は、「自分で好きな曲を選んでスイッチを押す」という目標を立てました。この目標を達成させるための手立てとして、複数のスイッチを用意し、それぞれ異なる曲が流れるような工夫をしました。しかし、その曲が流れると笑顔になるものの、その曲と接続したスイッチに手を伸ばすことはありません。先生はショウさんの手を持ってスイッチに誘導することをしてみましたが、やはり、自分からスイッチに手を伸ばす様子は見られません。

　先生は、ショウさんの目標設定や現在行っている場面設定や手だてについて、このまま続けてよいのかどうか迷いつつ、とりあえず継続している状態です。

 ### ここがポイント！

　目標の達成が難しそうな場合、目標の設定そのものが適切であるかどうかを見直してみましょう。また、その際、目標に向かう手だて、実態把握した内容、評価の仕方など、個別の指導計画に書かれた事項を検討し、目標や手だて等の見直しにつなげていくことが大切です。

このように考えてみましょう

① 手厚い支援を必要としている子どもの目標の考え方

手厚い支援を必要としている子どもの個別の指導計画では、同じ目標に何年間も取り組んでいる、というケースが少なくありません。確かに、「重度・重複障害」といわれる子どもの発達の状態は、特に中学生以降になると、あまり大きな変化がないという場合が多いかもしれません。中には、病気の進行や健康状態の変化に伴って、それまでできていたことができなくなってしまう、という場合もあるでしょう。

しかし、手厚い支援が必要な子どもを「家庭・学校・地域において、環境との相互作用の中で学び生活する学習者であり生活者である」という視点でとらえたとき、発達の現況や障害の状態を踏まえながらも、「子どものもつ能力や強みを使って生活すること」、また「その力を子どもが主体的に使うために必要な支援」に焦点をあてた目標設定ができることに気づきます。子どもにとって、より豊かな生活の展開につながる目標であるかを確認しましょう。

② 目標が達成できたかどうかの評価は「仮説の検証」です

子どもの実態把握の情報に基づいて目標や内容、手だてについての計画は、「こういう手だてでこんな内容に取り組めば、この子どもにはこんな力が身につくだろう」という「仮説」です。設定された期間内に目標が達成できなかった（また、達成が難しそうな）場合は、その「仮説」が正しくなかった、ということになります。その場合は、検証結果（評価）に基づいて、再度、新たな仮説を検討することになります。再検討を行う対象は、目標そのものの場合もあれば、教育活動の内容、支援や環境設定などの手だて等の場合もあります。また、そもそもの子どものもっている力の見極めや、子どもの行動の意味の再解釈が必要な場合もあるでしょう。

具体的な実践に向けて使えるツールポイント

以下、手厚い支援を必要としている子どもについて、目標達成が難しい際の振り返りの視点を挙げます。なお、ここに書かれている内容は、本書「ぱれっと」の「Ⅲ-1 目標設定の仕方」の内容とも重複している部分があります。具体例はそちらを参照してください。

① 子どもにとってより豊かな生活の展開につながる目標ですか

その目標を達成することで、子どもにとってより豊かな生活の展開につながるでしょうか。また、子どもが自分で達成感をもつことができるでしょうか。子どもにとっての意味づけやモチベーションは欠かせません。

② その目標には子どもが学習すべき具体的な行動やスキルが明確に記述されていますか

その目標には、子どもに身につけさせたい具体的な行動やスキルが明確に示されているでしょうか。「……を楽しむ」「……に慣れる」「……を味わう」等の漠然とした表現は避けましょう。具体的性を高め評価しやすい目標の書き方の例は、「Ⅲ-1 目標設定の仕方」を参照してください。

③ その目標に取り組むための教育活動や手だては適切に考慮されていますか

子どもが目標に取り組むための教育活動は、子どもが興味をもって主体的に取り組める内容でしょうか。また、子どもが自分の力を主体的に発揮するために必要な支援、環境や場面の設定は適切でしょうか。

④ その目標は子どもが現在もっている力や状態を適切に踏まえていますか

目標は目指すべき方向性を示しています。その出発点は、その子どもの現在もっている力や心身の状態です。この実態把握が十分でなかったり、実態の解釈が間違っていたりしている場合には、設定する目標が子どもにあわないものになってしまっているかもしれません。また、ショウさんのように、体調が変動しやすい子どもの場合には、「Ⅲ-4 体調が変動しやすい場合の目標設定と教育内容」の項目を参考に、体調の変動によって目標や教育的支援の在り方も変わることにも留意しましょう。

⑤ 目標がスモールステップで達成できるように考慮されていますか

手厚い支援を必要としている子どもにとって、ゴールである「目標」と、出発点である「子どもの現在もっている力や状態」の距離を一足飛びに縮めることは難しい場合が多いです。子どもが無理なくモチベーションをもって取り組み、学習に十分な時間を要することも考慮しながら、スモールステップで目標に向かうことを考慮しましょう。個別の指導計画等には、これまでの指導の経過が記載されていますので、このような情報を参考にすることも大切です。

⑥ 評価の観点は明確に示されていますか

目標に向かって、予想される子どもの行動をあらかじめ段階的に記述しておくと、これがその子どもの個別の評価基準となり、子どもの細やかな変化を評価することができます。子どもの状態にあわせて目標の達成度合いを示すことができ、教員同士で観点の共有がしやすくなります。評価基準の例は、「Ⅲ-1 目標設定の仕方」を参照してください。

① 目標達成が難しい際の振り返りの視点

これを実践してみたら……

　先生は、上記の「目標達成が難しい際の振り返りの視点」を参考に、ショウさんの目標と教育活動、支援の手だて、ショウさんのもっている力の実態を見直しました。そして、先生は、ショウさんが、曲が流れることと自分が手を動かすことの因果関係を理解していなかった、ということに気がつきました。

　先生は、ショウさんの目標を「好きな曲を聴くために、自分で手を動かしてスイッチを押す」と設定し直しました。そのうえで、スモールステップでショウさんの学習を組み立てることにしました。まず、以前の個別の指導計画には、ショウさんは「楽しい時に手を動かすことがある」と書かれていました。そこで、先生は、ショウさんにはまず、手を動かすことと変化が生じることを結びつける学習を、個別に行う課題学習の場面で行うことにしました。箱を倒すと鈴が鳴る教材で、ショウさんが手を動かすと箱が倒れて鈴が鳴り、ショウさんは笑顔になります。ショウさんは、因果関係を理解して、何度も手を動かして箱を倒そうとするようになりました。

　このような学習の後、朝の会の場面で「好きな曲を聴くために、自分で手を動かしてスイッチを押す」という目標が、無理なく達成されることになりました。ショウさんは、朝の会で、得意そうにしっかりと手に力を入れスイッチを押して音楽を流し、クラスの友だちにも感謝されています。

こんな場合を考えてみましょう！

　手厚い支援を必要としている子どもやその保護者は、「何年も同じ目標に取り組んでいる」という状況にある時、そのことをどのように受けとめているでしょうか。想像してみましょう。

　また、このショウさんのエピソードでは、ショウさんの自己決定の力（「Ⅲ-6 子どもの自己決定の力を育む目標設定と教育内容」を参照）がどのように育まれているでしょうか。

もっと知りたい人はこちら

1) 全国肢体不自由教育校長会編（2011）障害の重い子どもの指導Q&A自立活動を主とする教育課程，ジアース教育新社．
2) 全国心身障害児福祉財団（2010）肢体不自由教育ハンドブック，全国心身障害児福祉財団．

※本書の「Ⅲ-1 目標設定の仕方」「Ⅲ-4 体調が変動しやすい場合の目標設定と教育内容」も参照してください。

Ⅴ 評価と計画の見直し

2 個別の指導計画の見直し

こんなことはありませんか？

エミリさんは中学部の2年生です。小学部段階から目の前の課題に対して「○○ができるようにしよう」そして次に「～ができるようにしよう」というようにねらいをたてながら、基本的には発達段階をとらえて、目標を設定してきました。現在、エミリさんが取り組んでいる目標は、「YES、NOがはっきり言えるようにしよう」「日常生活の中で、一人で楽しめるものを増やそう」ですが、小学部の高学年の頃と比べても、実態や目標はあまり変わっていません。

一方、保護者は、そろそろエミリさんの学校卒業後の進路が気になってきているようです。中学1年の時の個別の教育支援計画の話し合いの際には、保護者が「今年卒業した先輩の○○さんが行っているあの通所施設に、将来はエミリも通えるかしら……」と、まだ漠然とした願いを語っていました。

ここがポイント！

個別の指導計画の見直しでは、評価の結果を踏まえて、実態把握、目標、手だて、評価の一連の整合性を見直しながら、「その子どもにとっての学び」につながっているのか、その構造を見直すことが大切です。また、ロードマップ的な役割の個別の教育支援計画と照らし合わせ、「その子どもにとっての学び」が目指す方向性・価値づけについて、確認しましょう。

このように考えてみましょう

① 個別の指導計画のPDCAサイクルにおける見直し

手厚い支援を必要としている子どもの個別の指導計画を作成する際には、前年度までの個別の指導計画に記載されていた子どもの実態、目標、教育内容、支援や配慮等の手だて、教育の経過や成果を見直しながら記述する、という方は多いと思います。一つの目標が達成できたら、新たな目標と教育内容・手だて等を計画し、目標達成ができなかった場合には、その目標と教育内容・手だて等を見直して、再度計画を立て直す、というプロセスが一般的に行われています。「V-1 目標達成が難しい際の振り返りの視点」では、目標の達成ができなかった（達成が難しそうな）場合に、個別の指導計画に記述された実態把握、目標、手だて、評価等の一連の整合性を見直し、目標や手だて、評価の仕方等について修正を図ることを説明しました。このプロセスは、実質的には、個別の指導計画の見直しとなるでしょう。

② 個別の教育支援計画と照らし合わせ学びの方向性や価値づけを確認すること

個別の指導計画の見直しにあたってもう一つの重要な視点は、個別の指導計画には、「個別の教育支援計画で設定した子どもの将来に向けた計画を具現化する」という役割がある、ということです。個別の教育支援計画には、子どもや保護者の願い、そのための支援の方向性等、子どもや保護者、かかわる関係者が共通理解した内容が記載されています。個別の教育支援計画は、その子どもの学びがどこに向かうのか、目指したい方向性・価値を示すロードマップです。個別の指導計画は、そのロードマップに基づいて、今年1年間の目標を設定し、目標達成に必要な学習内容、必要な支援や手だて、学習場面等を具体的に計画するものです。ロードマップと照らし合わせ、個別の指導計画に書かれている内容が、その子どもの学びが目指したい方向性・価値に沿ったものになるよう、見直しましょう。

具体的な実践に向けて使えるツールポイント

個別の教育支援計画において確認している、子ども・保護者の願い、そのための支援の方向性は、「子ども・家族が将来こうなったらいいな」という姿を示しています。言い換えれば、その子どもの学びの方向性や子どもにとっての意味や価値を示しています。

個別の教育支援計画に記載されている内容から、子どもの将来の姿、生活をイメージしてみましょう。個別の指導計画の見直しの際は、その子どもの将来の姿、生活につながるよう、目標や教育内容を検討してみましょう。

また、小学部段階では、発達的な視点から「できることを増やしていこう」とする積み上げ方の目標が多く設定されますが、子どもの年齢が上がるにつれて、タテの発達的な視点のみで目標を考えることは難しくなります。発達的な視点がなくなるわけではありませんが、しだいに「今、子どもがもっている力を使ってどのように生活を豊かにするか」（ヨコの発達）、さらには、将来の姿をイメージしたときに「こんなことができたらいいな」ということを考慮した目標設定が重要となってきます。その際にも、個別の教育支援計画で確認した子ども・保護者の願いに基づいて、子どもの学びの方向性や価値を確認しましょう。

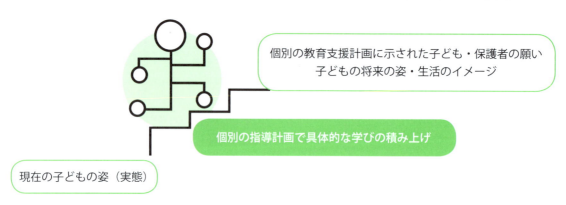

個別の教育支援計画が示す将来の姿に向け学習を積み上げるイメージ

個別の教育支援計画に示された子ども・保護者の願いを実現したときの将来の姿・生活をイメージしましょう。「現在の子どもの姿（実態）」を的確にとらえ、そこから、イメージした「子どもの将来の姿・生活」までの階段を想像してみましょう。個別の指導計画は、毎年、その一つ一つのステップで子どもの具体的な学びを着実に積み上げるための計画です。

個別の指導計画を見直し、目標や教育内容を設定するときは、この大事なステップの1段であることを意識しましょう。

これを実践してみたら……

先生は、エミリさんの個別の指導計画の目標を、個別の教育支援計画に記載した保護者の願いに沿って見直してみようと考えました。保護者のコメントは、願いというよりも「あの通所施設に、将来はエミリも通えるかしら……」という、まだ漠然としたものだったのですが、エミリさんが大人になった時の通所施設での生活をイメージしてみました。そして、イメージした将来の姿から、エミリさんの目標になりそうな活動を考えてみました。

① 教室以外の場所や、担任以外の先生とも普段の力が発揮できるようになること

いろいろな人がかかわってくれる施設での集団生活をエミリさんが楽しむために、身につけておきたい力として候補に挙げました。ここでいうエミリさんの「普段の力」と身につけたい力については、具体的には次の内容を考えています。

- ○普段の力：いつも声をかけてくれる自分のよく知っている人だと、YES、NOの返事ができる。
  - → 顔見知り程度の先生から声をかけられても、YES、NOの返事ができるといいな。ゆくゆくは誰に聞かれてもお返事ができるともっといいな。
- ○普段の力：よく知っている先生から2つの実物を提示されると、好きな方を見て伝えることができる。
  - → 顔見知り程度の先生にも、2つの実物を提示されると好きな方を見て伝えることができるといいな。ゆくゆくはこの方法で誰とでもコミュニケーションできるといいな。
- ○普段の力：教室では、緊張している状態から場面に応じて自分でリラックスモードになることができる。
  - → 他の教室や体育館の活動でも、緊張している状態から自分でリラックスできるようになるといいな。ゆくゆくは、外に出かけた時でもリラックスして楽しめるといいな。

② 先生が側にいなくても一人で楽しめる活動があること

余暇の時間にエミリさんが一人で楽しめる活動を見つけることは、大人になった時の生活を考えると大事なことだと考えました。エミリさんが一人で楽しめる活動の候補やそれを行う時間としては、具体的に次のようなことを考えています。学校生活の中では常に教員が側にいることが多いですが、安全性に配慮しながら、あえてエミリさんが一人で過ご

す時間を作ることを考えています。
　○給食の後、一人で10分間、自分でビッグマックスイッチを押してパソコン画面で好きなアイドルの写真を見る。
　○活動と活動の間のエミリさんが待つことが多い時間に、iPadで映像を見る。
　○キーボードや、ウインドチャイムを触り、自分で音を出す。

③ **先生に髪を直してもらう時に、自分の好きな髪飾りを選んで伝えること。また、鏡を見て笑顔になること**
　鏡を見て身だしなみを意識することは、手厚い支援を必要とする子どもたちにとっても大事なことでしょう。また、これからずっと他の人からの介助を受けて生活をすると考えられるエミリさんのような子どもにとって、介助してくれる人に自分の意思を伝えることや、介助を気持ちよく受けいれることは、大事な力だと考えました。

　先生は、このようなアイデアを基に、エミリさんにとっての学びが無理なく積み上がるように、個別の指導計画の目標や具体的な学習内容、手だてについて、順序を考えながら検討することにしました。

こんな場合を考えてみましょう！

このエピソードでは、個別の指導計画の見直し前のエミリさんの目標は、「YES、NOがはっきり言えるようにしよう」「日常生活の中で、一人で楽しめるものを増やそう」でした。これらの目標は、表現上は、見直し後の目標としても候補に挙げられている事項です。でも、見直し前と見直し後では、この目標を設定する先生の意識は明らかに違っています。その違いは何でしょうか。

もっと知りたい人はこちら

1) 宇治支援学校.学びのスタイル.宇治支援学校ホームページ.
2) 全国肢体不自由教育校長会編（2011）障害の重い子どもの指導Q&A 自立活動を主とする教育課程,ジアース教育新社.
3) 全国心身障害児福祉財団（2010）肢体不自由教育ハンドブック.全国心身障害児福祉財団.

※本書の「V-1 目標達成が難しい際の振り返りの視点」も参照してください。

Ⅴ　評価と計画の見直し

3　個別の教育支援計画の見直し

こんなことはありませんか？

　ケンタさんは、高校2年生です。ケンタさんは、電車に乗ることが好きで、将来的にも電車に乗ることを楽しめる生活になりそうだ、と考えた担任の先生は、学校の校外学習等で、意識して、電車で移動する学習や公共の場でのルールの学習を取り入れています。
　一方、ケンタさんは、登下校時には、地域生活支援事業所の移動支援を利用して事業所の車で移動しています。先生は、今の生活の充実や将来的なケンタさんの生活の拡がりを考えると、下校時の送り迎えを電車で行うことにしたらどうかな、と考えています。保護者に提案してみたところ、「ケンタのためには電車に乗る練習をしたほうがいいことはわかっているのですが、やっぱり大変で……。」と口を濁し、実現しない状況が続いています。

ここがポイント！

　個別の教育支援計画に記載している、子どもの将来の夢や、学校卒業後に家庭や地域で生活する姿について、改めて、子ども・保護者、教員、子どもにかかわる関係者で確認しましょう。その姿が実現するためには、学校、家庭、子どもにかかわる関係者それぞれがどのような取り組みが可能かを、ポジティブな視点をもって検討しましょう。

このように考えてみましょう

① 個別の教育支援計画の役割

　個別の教育支援計画には、子ども本人・保護者の願い、必要な支援の方針、子どもにかかわる関係機関等の情報が記載されています。個別の指導計画は1年間のスパンの、学校として行う教育計画です。それに対して、個別の教育支援計画は、就学前から卒業後の生活までの長いスパンで、子どもにかかわる様々な関係者がそれぞれの立場から協力し合いながら、子どもと保護者への支援の一貫性を図ることを目指す計画です。

　1年ごとに作られる個別の指導計画のみでは、ともすれば、担当者が変わるたびに教育の目標や内容が変わったり、子どもや保護者の意向が反映されにくい計画になったり、ということが起こりうるかも知れません。しかし、個別の教育支援計画において、子ども本人・保護者の願いや必要な支援の方針について、子ども・保護者、教員、子どもにかかわる関係者が共有することで、それがロードマップとなり、その子どもの学びを積み上げる方向性や、教育において何を大事にしていくのかという価値観について確認することができます。

　個別の教育支援計画は、子どもや保護者の願いをつなぐ、子どもへの必要な支援をつなぐ、子どもと保護者にかかわる人と人とをつなぐ、大事な役割を果たしています。

② 子ども・保護者が目指す姿の実現に向けて関係者が連携するツール

　個別の教育支援計画のもつ上記の役割を意識しながら作成することで、個別の教育支援計画は、子ども・保護者の願いや目指す姿の実現に向け、保護者や教員、関係者が連携し、必要な支援をつないだり調整したりするツールとして機能するでしょう。

　子どもを取り巻く状況や環境が大きく変わったり、目指すべき姿や方向性に変更があったり、必要な支援がうまく調整できず子どもや保護者が困った状態になってしまったりした場合等には、子ども・保護者、教員、関係者等の間で、個別の教育支援計画の見直しを行うことが必要です。

●●●●● 具体的な実践に向けて使えるツールポイント ●●●●●

　個別の教育支援計画の見直しにあたっては、以下のような視点が考えられます。本書「ぱれっと」の「Ⅲ-2 子ども（家族）が望む未来の実現のための目標設定と教育内容」の中で紹介したPATH（Planning Alternative Tomorrow with Hope）の考え方も参考にしてください。

① 子ども・保護者の願いや目指したい将来の姿をイメージし、共有しましょう

　まず、子ども・保護者の願いや、描いている将来の姿のイメージを、子ども・保護者、教員、関係者の間で共有しましょう。目指すべき願いや将来の姿に変化があった場合や、再検討が必要なときには、以下のス

テップについても再度確認して、計画を修正することが必要です。子ども自身や保護者の願いや、将来の姿がはっきりしていない場合でも、「こうなったらいいな」という話題を出し合うことによって、前向きな将来像を共有することができるかもしれません。

② **そのゴールを目指すスタート地点として、今、子どもがもっている力を確認しましょう**

　ゴールを目指すにあたっては、現在、どんな状態からスタートするのかを分析することが必要です。今の時点で子どもがもっている力、また、ゴールを目指すための支えとなったり、障壁となったりする可能性のある、子どもを取り巻く状況についても情報を得ましょう。

③ **ゴールに到達するために、子どもにどんな力を育てたいかを検討しましょう**

　目指す姿（ゴール）と子どもの現状（スタート地点）が離れている場合は、いくつかのステップに分けて近づくことも検討しましょう。

④ **子ども・保護者、教員、関係者が、それぞれの立場で、願いの実現に向けて、どんなことができるか意見やアイデアを出し合い、調整しましょう**

　保護者、教員、子どもにかかわる関係者は、子どもの夢や目指す将来の姿というゴールに向かって子どもを支援するサポーターです。それぞれの立場から、願いや目指す姿の実現に向けてどんなことができるかを、出し合います。子どもが目指すゴールにたどり着けるように役割を決めて連携し、調整します。

⑤ **決めた役割をいつまでに行うか、どこで評価や計画の見直しをするかを確認しましょう**

　具体的に実現すべき事項がはっきりしている場合は、それぞれの役割について「いつまでに」という期限を決めて動くことも大切です。また、次はどの段階で、何を評価をして、次のステップに進むのか、いつ、計画の進捗や見直しの確認をするのか、を決めておきます。

これを実践してみたら……

　ケンタさんの保護者は、電車の乗り方や公共の場でのルールを毎日学習することが、ケンタさんのためになるとは理解していても、「周囲の方々に迷惑をかけてはいけないし、毎日、親がやるのは時間もかかって大変。」と考えていたことがわかりました。
　先生は、個別の教育支援計画の見直しの会議を行い、「電車に乗って小旅行を楽しむ」という目標を、改めてケンタさん、保護者、地域生活支援事業所の方と共有しました。そして、そのゴールに向けての道筋や、皆が連携する作戦を、改めて話し合いました。
　まず、学校の校外学習の場面を利用して、駅までの移動や電車内でケンタさんが守る

ルールを明確にして、そのルールに従って乗車ができるような学習を繰り返し行いました。また、先生は、ケンタさんへの支援のポイントを整理しました。

次に、その支援のポイントを事業所の移動支援を行う方と共有し、時間のある休日等を使って練習を行いました。練習から見出された課題については、学校で学習に取り組むようにしました。

時期を見計らって、下校時に電車での移動を行うようにします。移動支援の方に加えて、保護者が一緒に移動することも行いました。保護者と一緒の時に見られた課題についても、学校の学習活動で解決しました。

このように、保護者、学校、移動支援担当者が連携し、細やかなステップでケンタさんの学習を積み重ねることによって、ケンタさんは、保護者の負担が少ない形で、電車の乗り方や公共の場でのルールを学習できました。もちろん、ケンタさんも、自分で目標を決めて頑張りました。今では、事業所の移動支援の方と一緒に登下校できるようになりました。休日には、家族で電車に乗って移動し、外食を楽しむこともできるようになりました。また、ケンタさんがだんだん長い時間ルールを守れるようになったことから、夏休みには、家族で新幹線を使って旅行を計画し、ケンタさんもとても楽しみにしているそうです。

こんな場合を考えてみましょう！

皆さんが担任している子どもの個別の教育支援計画にも、子ども本人・保護者の夢や願いが記載されていることでしょう。皆さんの学級の担任同士で、それぞれの子どもの夢や願いを共有しましょう。その夢や願いの実現に少しでも近づくためには、それぞれの子どもに対して、それぞれの先生がどのようなことができるか、話し合ってみましょう。

もっと知りたい人はこちら

1) 谷口明広・小川喜道・小田島明・武田康晴・若山浩彦（2015）障害のある人の支援計画：望む暮らしを実現する個別支援計画の作成と運用，中央法規．
2) 全国肢体不自由教育校長会編（2011）障害の重い子どもの指導 Q＆A 自立活動を主とする教育課程，ジアース教育新社．
3) 全国心身障害児福祉財団（2010）肢体不自由教育ハンドブック，全国心身障害児福祉財団．

※本書の「Ⅱ-2 保護者のエンパワメント」「Ⅱ-3 専門職との連携の視点」「Ⅲ-2 子ども（家族）が望む未来の実現のための目標設定と教育内容」も参照してください。

Ⅴ　評価と計画の見直し

4 個別の教育支援計画と個別の指導計画の連動

こんなことはありませんか？

　ケンタさんとエミリさんが通う特別支援学校では、個別の教育支援計画で、子どもや保護者の夢や願い、子どもの「今」の生活の姿などを踏まえ、将来目指す姿（長期目標）や年間目標（短期目標）などを個別に設定しています。しかし、個別の指導計画を作成する際には、指導場面ごとの学習内容等の記述が、学級内の他の子どもと同じような内容になったり、前年度までの内容とあまり変化がなかったりすることがあります。教務の先生方の話し合いでは、現在使っている「個別の教育支援計画」と「個別の指導計画」はお互いに関連付けることが難しく、そのため系統的な指導につながりにくい、という課題が挙げられました。

ここがポイント！

　個別の教育支援計画において整理した情報（本人・保護者の願い、「今」の姿、今年の目標など）を基に、個別の指導計画において目標達成のために必要な学習内容などを個別に設定しましょう。

このように考えてみましょう

「個別の教育支援計画」を「個別の指導計画」につなぐためには、2つの教育計画の役割やつながり（作成手順）を再確認することが大切です。また、キャリア教育やICFの視点を教育計画に活用することで、教育計画作成の手順をそのまま教育計画の書式に反映することができ、作成手順の共有化を図ることができます。また、「なぜ、何のために」「何をするのか」が明確になり、根拠に基づいた指導や支援を行うことができます。

1.「個別の教育支援計画」と「個別の指導計画」のつながり、役割の確認

① 個別の教育支援計画の役割

本人や保護者の夢や願い（一番星）、「今」の本人の姿（実態）などを基に、長期目標（将来目指す姿）、短期目標（年間目標）、目標達成に必要な支援（誰が何をするのか）などを整理する教育計画

特に、短期目標や、学校において何をするべきかを明確にできると、個別の指導計画によりつなぎやすくなります。

② 個別の指導計画の役割

個別の教育支援計画において設定した「年間目標」を基に、学期目標や、目標達成に必要な具体的な学習内容や配慮事項等を指導場面ごとに整理する教育計画

目標達成のために必要な学習内容を、適切な学習場面に設定できるかがポイントです。また、多くの内容を盛り込みすぎず、より具体的に記述することで、教員間の連携を促すこともできます。

目標から学習内容の設定に向けての流れは、本書の「Ⅳ-1 一日を通した個別目標への取り組み」を参考にすると、整理がしやすくなります。

◆個別の教育支援計画において整理した情報を基に、個別の指導計画を作成するという手順を学校全体で共有することが重要です。つながりのある教育計画にすることで、「何のために」「何をするか」が明確になります。

2. キャリア教育やICFの視点の活用

「PATH」や「ICF関連図」の手法を活用することで、教育計画立案の手順をそのまま「個別の教育支援計画」の書式に反映することができます。「現在の生活と将来の生活」「学校生活や地域生活」などのつながりを意識しやすくなり、幅広く、子どもの姿をとらえやすくなります。

キャリア教育の視点で教育計画を見直すことで、ライフステージを意識した教育計画や、ライフキャリアも意識したバランスのとれた教育計画、一番星を意識した本人主体の教育計画につなげることもできます。

V 評価と計画の見直し

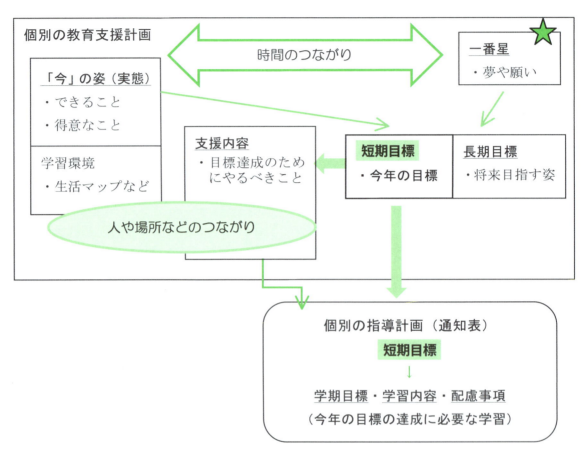

個別の教育支援計画と個別の指導計画の関係

具体的な実践に向けて使えるツールポイント

「PATH」を活用しよう！

　ここでは前にも採り上げた、PATH（Planning Alternative Tomorrow with Hope「希望に満ちたもう一つの未来の計画」）の手法を活用して、個別の教育支援計画と個別の指導計画を作成する方法を紹介します。PATHはキャリア教育の視点を教育計画等に反映するために便利なツールです。関係者との連携協力、関係を推進するための一つの手法として、個別の教育支援計画や個別の指導計画を作成する際や見直しの際の話し合いなどに活用できます。

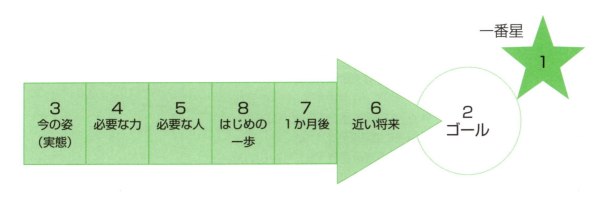

PATHの概要図

　「PATH」の作成における各ステップの内容を、個別の教育支援計画や個別の指導計画の項目と照らし合わせてみると、次頁の表のような関連があります。

V　評価と計画の見直し

PATHの各ステップと個別の教育支援計画、個別の指導計画の項目の関係

ステップ1：幸せの一番星（願い）を決める
　　　　　　⇒個別の教育支援計画等の「将来の願い」など
ステップ2：ゴールを設定する（3年後の姿）
　　　　　　⇒個別の教育支援計画等の「長期目標」
ステップ3：今、現在の様子や姿（対象児童の実態）
　　　　　　⇒個別の教育支援計画等の「プロフィール表」、「実態表」など
ステップ4：必要な力
　　　　　　⇒個別の指導計画の「各教科等の目標」など
ステップ5：誰を必要とするのか（必要な人）
　　　　　　⇒個別の教育支援計画の「生活マップ」など
ステップ6：近い将来の姿（半年後又は1年後の姿）
　　　　　　⇒個別の指導計画の「重点目標」など
ステップ7：1カ月後に指導者等がすべきこと
　　　　　　⇒個別の指導計画の「各教科等の目標」など
ステップ8：はじめの一歩（まずはじめにすること）

　上記の整理に基づいて、子どもの「今」の姿が、未来に向けてつながっていくように、個別の支援計画の書式を見直してみましょう。次にPATHの各ステップの要素を反映した個別の教育支援計画の書式の例を挙げます。

④ 個別の教育支援計画と個別の指導計画の連動

新書式の個別の教育支援計画

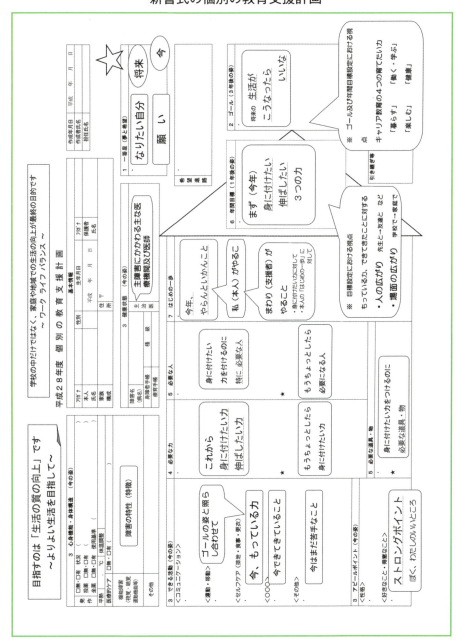

V 評価と計画の見直し

これを実践してみたら……

ケンタさんとエミリさんが通う特別支援学校では、PATHの考え方を取り入れた、新しい個別の教育支援計画の書式を使うことになりました。先生たちは、次のようなよい変化を感じています。

① 子どもたちの一番星（夢や願い）を意識して指導することが増えた

子どもの「一番星（夢と願い）」を中心に置いた書式の教育計画を活用したことで、本人や保護者、教員などが「本人の願い」をより意識して子どもにかかわるようになりました。

ある学級では、子どもの一番星を教室に掲示したところ、学級の教員間で普段から一番星のことが話題に挙がることが増えました。それに伴って、一番星の実現に必要な学習内容の見直しをする機会が増え、一番星に寄り添った指導、支援の一層の充実につながりました。

② 幅広く、客観的に子どもの姿（実態）をとらえられるようになった

「PATH」や「ICF関連図」の手法を活用したことで、子どもの「現在の生活と将来の生活」「学校生活と地域生活」などのつながりを意識しやすくなりました。子どもの姿を、「過去（これまでの経験）」「今」「未来（将来の生活）」といった時間的なつながり（流れ）の中や、子どもの周りの「人（家族・友人など）」、「もの」、「場所」など空間的なつながり（広がり）の中でとらえることができ、幅広く、客観的に子どもの姿をとらえることにつながりました。

③ 「なぜ、何のために」学習するかが明確になった

個別の指導計画では、「個別の教育支援計画」で設定した年間目標に対して、学校で特に大切にしたい目標を学期ごとに設定し、その目標に対応した学習内容や配慮事項を各教科等で設定しました。一つ一つの学習内容が、一番星や現在と将来の姿もつながり、「なぜ、何のために」「何をする」が明確になり、授業の改善につながりました。

④ 教育計画作成の効率化を図ることができた

「PATH」や「ICF関連図」の手法などを活用し、教育計画立案の手順をそのまま書式に反映し、「個別の教育支援計画」から「個別の指導計画」及び「通知表」までをリンクした書式にしたことで、作業量の削減につながり、教育計画作成の効率化を図ることができました。

④ 個別の教育支援計画と個別の指導計画の連動

こんな場合を考えてみましょう！

　「個別の教育支援計画」と「個別の指導計画」、2つの教育計画の役割やつながりを再確認しましょう。その視点から、皆さんの学校の「個別の教育支援計画」と「個別の指導計画」の書式について、よいところや検討すべきところを考えてみましょう。

> **もっと知りたい人はこちら**
>
> 1）愛知県立岡崎特別支援学校．キャリア教育パンフレット．
> 2）愛知県肢体不自由教育研究協議会（2016）未来へとつなぐキャリア教育：愛知県肢体不自由特別支援学校9校の取組，ジアース教育新社．
> 3）Peapoint, J. 他（1998）PATH: Planning alternative tomorrows with hope – A workbook for planning possible positive futures. Toronto, ON: Inclusion Press.
>
> ＊本書の「Ⅲ-4 子どもと家族が望む未来の実現」「Ⅳ-1 一日を通した個別目標への取り組み」も参照してください。

Ⅴ 評価と計画の見直し

情報パッケージ「ぱれっと（PALETTE）」を私たちはこのように活用しました

　本書「ぱれっと」は、手厚い支援を必要としている子どもとその家族を中心とした教育計画の作成や計画の実施に関する情報を提供しています。しかしながら、「この通りにやってください」というマニュアル的なものではありません。「ぱれっと」の役割は、学校の教員が、目の前にいる子ども一人一人の子どもの教育について考える材料を提供することです。また、教員同士がチームとして子どもの見方や教育実践の考え方を共有するためのツールとなること、教員と保護者、専門職がチームとして子どもの支援を一緒に考えるためのツールとなることを期待しています。

　「ぱれっと」の作成と試用でご協力いただいた研究協力校での活用の仕方について、その一部をご紹介します。

（1）学校全体の取り組みに位置付けた活用
① 『生活マップ』を活かし保護者と子どもの生活を支える取り組み

　A 特別支援学校（肢体不自由）では、従前からICF関連図を活用した実践に力を入れていましたが、生活マップは一部の児童・生徒にしか作成されていませんでした。「ぱれっと」研究にかかわっていただいたことにより、学校として生活マップの意味を新たに問い直した結果、学校としてすべての子どもの「生活マップ」を作成して活用することになり、保護者との連携のツールとして機能するようになりました。「ぱれっと」の基本的な考え方を教員同士で理解しあったことが、学校としての取り組みの共有に結び付いたと考えられます。
（参照項目「I-3 子どもの生活マップ」）

② 「一人一人の一番星に寄り添う」取り組みへの「ぱれっと」の活用

　B 特別支援学校（肢体不自由）では、子ども自身の夢や願いとして保護者と一緒に確認した「一番星」に教員が寄り添い、その実現のための教育的支援を行う取り組みを、学校全体として始めたところで、その取り組みの推進に「ぱれっと」が活用されました。学校として目指す方向性がPATHやICFを基本とした「本人中心の計画」の実現であったため、「ぱれっと」の考え方は学校の取り組みの方針に合致する形で受け入れられたようです。活用にあたっては、全職員が興味をもちやすいよう「ぱれっと」項目の内容をわかりやすく説明するパンフレットを作成したり、教員個人の教育実践上の悩みに応じて項目を紹介したりする等、教務担当教員が「ぱれっと」の「翻訳者」的な役割を果たしました。
（参照項目「V-4 個別の教育支援計画と個別の指導計画の連動」）

③ アセスメントを通した保護者との連携と教育計画の作成

　C特別支援学校（肢体不自由）では、学校で作成した2つのアセスメント「一日の生活の流れのアセスメント」「子どもの興味関心のアセスメント」を個別の教育支援計画の作成や見直しの際に活用し、保護者と子どもについての共通理解を図るツールとする取り組みを行いました。「ぱれっと」の活用によって、子どもの家庭や地域の生活を豊かにすることに連動した目標設定や教育内容の検討がなされるようになりました。
（参照項目「Ⅰ-2　一日の生活の流れのアセスメント」「Ⅰ-10　子どもの興味関心のアセスメント」）

（2）教員研修・人財育成等における活用
① 初任者勤務校研修における「ぱれっと」の活用

　D特別支援学校（肢体不自由・知的障害）では、初任者が感じる「アセスメント」「具体的な目標の設定」「個に応じた授業づくり」等の難しさを解決する方策として、「ぱれっと」を活用しました。人事育成担当の教員や自立活動の教員が研修計画を練り、初任者にとって必要と思われる項目について、ポイントを絞って「必要な時期」に「必要な情報」を「タイムリーに提供する」ことで、「ぱれっと」は、初任の教員が考えることを支援するツールとなりました。
（参照項目「情報パッケージ『ぱれっと（PALETTE）』解説」「Ⅲ-1　目標設定の仕方」他）

② 聴覚特別支援学校乳幼児相談部門における専門性の向上を目指した「ぱれっと」の活用

　E特別支援学校（聴覚障害）の乳幼児相談部門では、聴覚障害以外にも様々な障害のある、手厚い支援を必要としている子どもとその保護者のために、高い専門性が求められています。専門性の向上を目指し、乳幼児相談部門の経験が長い教員と、経験の浅い教員が、一緒に「ぱれっと」の保護者との連携に関する項目を読み込み、担当した相談を振り返りながら話し合う、という取り組みを行いました。この取り組みを行った経験の長い教員は「『ぱれっと』は一回読んだら終わりではなく、自分の実践を振り返りながら何回でも読めるもの」とコメントし、経験の浅い教員については「『ぱれっと』を活用するようになってから、自己の振り返りがより顕著にみられるようになった」と報告しています。
（参照項目「Ⅱ-1　保護者の理解と本人受容の視点」「Ⅱ-2　家族のエンパワメント」）

（3）ケース検討における活用
① ケース検討における「ぱれっと」の活用

　F特別支援学校（肢体不自由）では、発作が多く、体調が不安定で教育の手がかりが得にくかった子どものケースについて、「ぱれっと」の項目を参考にしてケース検討を行いました。具体的にはその子どもの学級担任の間で「体調が変動しやすい場合の目標設定と教育内容」の項目について読み、考え方を共有して話し合いをもち、支援の方策を検討しました。学級の担任間で、「ぱれっと」の項目を読んで話し合い、子どもの行動の見方やかかわり方について共通理解を図ったことが、子どもの変容、成長につながった、ということが報告されています。
（参照項目「Ⅲ-5　体調が変動しやすい場合の目標設定と教育内容」）

なお、研究協力校における活用事例の詳細については次の研究成果報告書を参照してください。
国立特別支援教育総合研究所（2015）平成25-26年度専門研究B「重度・重複障害のある子どもの実態把握, 教育目標・内容の設定, 及び評価等に資する情報パッケージの開発研究」研究成果報告書．

資料　情報パッケージ「ぱれっと（PALETTE）」と特別支援学校学習指導要領等との関係

　ここでは、情報パッケージ「ぱれっと（PALETTE）」の解説（10ページ）で述べた、「教育計画の作成と実施の基本的な考え方」の7つの項目について、特別支援学校学習指導要領等と関連がある事項について解説をしています。

① **子どもの生活の質の向上を目指したものであり、学校の中だけに限定するのでなく、子どもの家庭や地域での生活の質を向上させ自立し社会参加を目指すことが最終的な目的である**

【生きる力】

　平成8年7月の中央教育審議会答申（「21世紀を展望した我が国の教育の在り方について」）は、変化の激しい社会を担う子どもたちに必要な力は、基礎・基本を確実に身に付け、いかに社会が変化しようと、自ら課題を見つけ、自ら学び、自ら考え、主体的に判断し、行動し、よりよく問題を解決する資質や能力、自らを律しつつ、他人とともに協調し、他人を思いやる心や感動する心などの豊かな人間性、たくましく生きるための健康や体力などの「生きる力」であると提言しました。

　「生きる力」という理念は、知識基盤社会の時代においてますます重要となっていることから、これを継承し、生きる力を支える確かな学力、豊かな心、健やかな体の調和のとれた育成を重視することが示されています。

【重複障害者の指導】

　特別支援学校に在籍する子どもの障害の重度・重複化、多様化が進み、これまで以上に一人一人の教育的ニーズに対応した適切な指導や必要な支援が求められています。

　重複障害者は、複数の種類の障害を併せ有していることから、指導に当たっては、それぞれの障害についての専門的な知識や技能を有する教師間の協力の下に、一人一人の子どもについて「個別の指導計画」を作成するとともに指導方法を創意工夫して進めることが大切になります。

【個別の指導計画】

　障害の状態が重度・重複化、多様化している子どもの実態に即した指導を一層推進するため、各教科等にわたり個別の指導計画を作成することとしました。

　個別の指導計画は、各教職員の共通の理解の下に、一人一人に応じた指導を一層進めるためのものであり、子どもの実態や各教科等の特質等を踏まえて、様式や内容等を工夫して作成することが大切です。

　個別の指導計画は、子どもの実態を把握した上で作成されたものですが、子どもにとって適切な計画であるかどうかは、実際の指導を通して明らかになるものです。したがって、計画（Plan）- 実践（Do）- 評価（Check）- 改善（Action）の過程において、適宜評価を行い、指導内容や方法を改善し、より効

果的な指導を行う必要があります。

【個別の教育支援計画】
　障害のある子どもについては、教育関係者のみならず、家庭及び地域や医療、福祉、保健、労働等の様々な機関が協力し、長期的な視点で乳幼児期から学校卒業後までを通じて適切な指導と必要な支援を行うために「個別の教育支援計画」を作成することになっています。
　「個別の教育支援計画」の作成に当たっては、関係機関等がそれぞれの役割分担の下、多面的に実態把握や情報収集を行い、必要とされる支援の目標や内容を決定していくこととなります。個別の支援計画のうち、幼児児童生徒に対して、教育機関が中心となって作成するものを、「個別の教育支援計画」といいます。

【参考】特別支援学校小学部・中学部学習指導要領等※

- 生きる力をはぐくむ各学校の特色ある教育活動の展開（第1章総則第2節第1の1）
- 重複障害者の指導（第1章第2節第4の2（2））
- 個別の指導計画の作成（第1章第2節第4の1（5））
- 自立活動（第7章第3）
- 個別の教育支援計画の作成（第1章第2節第4の2（14））

※【参考】は小学部・中学部の学習指導要領等から抜粋しています。

② **子どもの自己決定の力を育てることを重視する**
　学校教育においては、変化の激しいこれからの社会を考えたとき、また、生涯にわたる学習の基礎を培うため、基礎的・基本的な知識・技能の確実な定着とともに、それらを活用して課題を解決するための思考力・判断力・表現力等の育成を重視した教育を行うことが必要であり、子どもがこれらを支える知的好奇心や探究心をもって主体的に学習に取り組む態度を養うことは極めて重要です。
　このような資質や能力を育成するためには、体験的な学習や基礎的・基本的な知識・技能を活用した問題解決的な学習を充実する必要があります。
　体験的な学習や基礎的・基本的な知識・技能を活用した問題解決的な学習は、主体的に学習に取り組む能力を身に付けさせるとともに、学ぶことの楽しさや成就感を体得させる上で有効です。
　また、子どもの学習意欲の向上を重視する場合、子どもが学習の見通しを立てたり学習したことを振り返ったりする活動を計画的に取り入れ、自主的に学ぶ態度をはぐくむことも重要になってきます。
　このような体験的・問題解決的な学習や見通しを立てたり、振り返ったりする学習を実施する際は、子どもの障害の状態等に応じて指導内容や指導方法を工夫することが必要です。

【自己選択】
　子どもが主体的に自分の生活体験や興味・関心をもとに課題を見つけ、自分なりに方法を選択して解決に取り組むことができるよう配慮し、課題選択能力や解決能力を育てることが必要です。指導に当たっては、子どもが学習の見通しを立てたり学習したことを振り返ったりする活動を計画的に取り入れるよ

う工夫し、子どもが学習することの意味をとらえたり、子ども自らが成長を実感できるようにしたりすること、子どもが体験や調査、実験等を通して問題解決的に取り組む課題選択的な学習を充実することなどが求められます。

【自己を肯定的に捉える感情】

「自己を肯定的にとらえる」感情は、自分にもよいところがあると認める感情であり、自己肯定感や自己有能感と言われることもあります。自己を肯定的にとらえることができるような指導は、各教科等の指導も含め学校の教育活動全体を通して行われなければならないが、自立活動の指導においては特に重視されなければならないことです。

障害のある子どもの自己に対するイメージは、障害をどのようにとらえるかということに大きく影響を受けます。ときには、障害のある自分をひどく他者から劣っていると思うこともあり、自分を肯定的にとらえられないことも少なくありません。

自立活動の指導は、障害による学習上又は生活上の困難と向き合い、その困難の改善・克服を目指す指導であるから、どのようなことを課題とし、どのように学習活動に取り組み、その結果をどのように受け止めるかということは、自己に対するイメージの形成に深くかかわることになります。自己を肯定的にとらえる感情は、一般に、自分のよいところを認められる段階から、自分のよいところも悪いところも含めて自分であることを肯定できる段階に移っていきます。したがって、子どもが自己に対してどのような感情を抱いているのかを把握し、成長に即して自己を肯定的にとらえる感情を高められるような指導内容を検討することが大切になります。

【参考】特別支援学校小学部・中学部学習指導要領等※

- 体験的・問題解決的な学習及び自主的、自発的な学習の促進(第1章第2節第4の2(4))
- 課題選択や自己の生き方を考える機会の充実等(第1章第2節第4の2(6))
- 見通しを立てたり、振り返ったりする学習活動の重視(第1章第2節第4の2(7))
- 主体的に取り組む指導内容(第7章第3の2(3)ア)

※【参考】は小学部・中学部の学習指導要領等から抜粋しています。

③ 子どもの障害ではなく、子どものもつ能力や強み、また子どもがその力を出すために必要な支援に焦点をあてる

【子どもがその力を発揮する諸条件】

障害のある子どもの学習を評価する場合、一般に発達の遅れている側面や改善の必要な障害の状態などに着目しがちであるが、障害の有無にかかわらず、子どもは様々な可能性を有していることから、多様な観点から児童生徒をとらえ、その可能性を見いだすことも大切です。例えば、障害により、絵筆やクレヨンなどを持って描くことが困難な子どもであっても、コンピュータ等を活用して描くことができる可能性があります。さらに、操作に習熟することによって、豊かな感性や色彩感覚を発揮することもあります。

このように、日ごろの学習活動を通じて、子ども一人一人のよい点や可能性を積極的に評価し、子どもの主体性や意欲を高めるようにすることが重要です。

【遅れている側面を補う指導内容】

　一般に発達の遅れている側面や改善の必要な障害の状態のみに着目しがちです。しかしながら、子どもの発達の遅れた側面やできないことのみにとらわれて、これを伸ばしたり、改善したりすることを目指して指導した場合、効果が現れるのに必要以上に時間を要したり、また、方法によっては子どもの活動や学習への意欲を低下させ、劣等感をもたせたりすることも考えられます。

　人間の発達は諸々の側面が有機的に関連し合っていることを踏まえ、発達の進んでいる側面を更に促進させることによって、子どもの自信と活動や学習への意欲を喚起し、遅れている面の伸長や改善に有効に作用することも少なくありません。したがって、指導内容の設定に際しては、個々の子どもの発達の進んでいる側面にも着目することが大切であることを示しています。指導にあたっては、実態把握や指導計画の作成、評価において、より専門的な知識や技術を有する教師間の協力の下に指導を行ったり、必要に応じて専門の医師及びその他の専門職の指導・助言を求めたりするなどして、学習効果を一層高めることが大切です。

【ICF】

　自立活動が指導の対象とする「障害による学習上又は生活上の困難」は、WHOにおいてICFが採択されたことにより、それとの関連でとらえることが必要です。つまり、精神機能や視覚・聴覚などの「心身機能・身体構造」、歩行やADLなどの「活動」、趣味や地域活動などの「参加」といった生活機能との関連で「障害」を把握することが大切であるということです。そして、個人因子や環境因子等とのかかわりなども踏まえて、個々の子どもの「学習上又は生活上の困難」を把握したり、その改善・克服を図るための指導の方向性や関係機関等との連携の在り方などを検討したりすることが、これまで以上に求められています。

【参考】特別支援学校小学部・中学部学習指導要領等[※]

- 指導の評価と改善（第1章第2節第4の2（12））
- 遅れている側面を補う指導内容（第7章第3の2（3）ウ）
- 障害のとらえ方と自立活動（特別支援学校学習指導要領解説自立活動編　19ページ）

※【参考】は小学部・中学部の学習指導要領等から抜粋しています。

④ 子どもと家族の現在の生活、将来の生活を視野に入れる

【時間軸】

　小学部入学以前に幼稚部又は幼稚園や医療、福祉等の関係機関で作成された「個別の支援計画」を引き継ぎ、適切な支援の目標や内容を設定したり、進路先に在学中の支援の状況を伝えていく際に、「個別の教育支援計画」を活用し、関係者間で生徒の実態や支援内容について共通理解を図ったりするなど、学校や関係機関における適切な指導や必要な支援に生かすことが求められています。

【将来の生活を展望した教育計画】

　それぞれの学校において、どのような子どもを育てようとするのか、そのためにどのような教育を行おうとするのかなど、各校の教育理念や基本的姿勢

を明確にすることが大切にされています。よって、教育方針や特色ある教育活動などについて、保護者や地域の人々に十分説明するとともに、子どもの興味・関心や期待、保護者や地域の人々の意向や建設的な意見などを十分把握し、全ての教職員が共通理解をもって、各部間の接続を重視しながら、学校全体として責任をもって教育活動を進めていくことが求められています。

【参考】特別支援学校小学部・中学部学習指導要領等※

> ・個別の教育支援計画の作成(第1章第2節第4の2(14))(再掲)
> ・教育課程編成の基本的な考え方(特別支援学校学習指導要領解説総則等編小学部・中学部126ページ)

※【参考】は小学部・中学部の学習指導要領等から抜粋しています。

⑤ 子ども(家族)が望む未来の実現のための目標を含む

【未来の姿のイメージ】

　思春期に入り、自分の将来に目を向け始める段階では、各教科等の指導において、自分自身を見つめ、自らの将来について目を向ける機会などを通して、自分の特徴に気づき、自分らしい生き方を実現していこうとする態度を育成していくことが大切です。

　なお、これらの指導は、子どもの自立心や自律性をはぐくむ上で重要であることを踏まえ、その充実に努めるとともに、子どもの実態に応じ、きめ細かな相談に応じたり様々な情報を提供したりすることにも配慮する必要があります。

　これらの指導をより効果的に推進するためには、全教職員がこの指導の重要性を共通理解し、教職員が相互に密接な連絡をとり、それぞれの役割立場において協力して指導に当たること、家庭や地域、関係機関との連携についても十分に考慮していくことが大切です。

【キャリア教育】

　子どもが自らの生き方を考え、将来に対する目的意識をもって、主体的に自己の進路を選択決定し、生涯にわたる自己実現を図っていくことができるような能力や態度を育成することが重要になってきます。特に、中学部の段階の生徒は、心身両面にわたる発達が著しく、自己の生き方についての関心が高まる時期にあります。このような発達の段階にある子どもが、自分自身を見つめ、自分と社会とのかかわりを考え、将来、様々な生き方や進路の選択可能性があることを理解するとともに、自らの意思と責任で自己の生き方、進路を選択することができるよう適切な指導・援助を行うことが必要です。

　このような能力や態度を育てるためには、各学校が進路指導の目標をもち、その実現を目指して教育活動全体を通じ計画的、組織的、継続的な指導を行っていくことが求められます。

【参考】特別支援学校小学部・中学部学習指導要領等※

> ・生徒指導及び進路指導の充実(第1章第2節第4の2(5))
> ・課題選択や自己の生き方を考える機会の充実(第1章第2節第4の2(6))

※【参考】は小学部・中学部の学習指導要領等から抜粋しています。

⑥ **様々な専門職（教員を含む）は、上記の目標の実現を目指して連携をする**
【様々な専門職（教員を含む）との連携の形】

　子どもの多様な実態に応じた指導の充実を図る上で、種々の障害に応じた指導についての専門的な知識や技能を有するそれぞれの教師の専門性を生かした協力的な指導を行うことが大切です。学習指導については、経験豊かな指導教諭などの教師が他の学級の授業を支援するなど、様々な工夫をすることが求められます。

　重複障害者の指導や自立活動における指導に当たっては、実態把握や指導計画の作成、評価において、より専門的な知識や技能を有する者との協力や連携が求められる場合もあります。その際必要に応じて、専門の医師、看護師、理学療法士、作業療法士、言語聴覚士、心理学の専門家等に指導・助言を求めたり連絡を取り合ったりすることが重要です。

　進路指導においては、個別の教育支援計画を活用しながら、保護者とともに進路指導を進め、地域社会や福祉労働等の関係機関との連携を十分に図って取り組むことが重要です。

　各学校に在籍する子どもの障害が重度・重複化、多様化してきていることから、子どもの中には、発熱しやすい、発作が起きやすい、疲労しやすいなどの傾向のある者が見られます。そこで、学校医等との連絡を十分にとることが必要ですが、地域や学校の実態により、例えば医療機関や福祉施設等に併設又は隣接している特別支援学校においては、これらの医療機関等の医師などの専門家との連絡を十分にとるよう努めることが大切です。

【参考】特別支援学校小学部・中学部学習指導要領等※

- 個に応じた指導など指導方法の工夫改善（第1章第2節第4の2（1））
- 重複障害者の指導（第1章第2節第4の（2））
- 生徒指導及び進路指導の充実（第1章第2節第4の2（5））
- 学校医等との連絡（第1章第2節第4の2（13））
- 教師の協力体制（第7章第3の6）
- 専門の医師等との連携協力（第7章第3の7）

※【参考】は小学部・中学部の学習指導要領等から抜粋しています。

⑦ **子どもや家族が中心となる計画であり、教育や学校のシステムはその計画実現を支えるシステムとなるよう進化を続ける**
【本人中心の計画】

　特別支援学校に在籍する子どもの障害の種類や程度は多様であり、発達の段階や能力、適性等についても個人差が大きい。子どもの実態に即した指導を行うためには、まずこれらについての的確な実態把握を行い、個々の子どもに応じた適切な指導目標を設定し、指導内容や指導方法を工夫して個別の指導計画を作成することや、それに基づいて指導を行うとともに、その成果について適宜評価を行い、指導の改善に努めることが最も大切です。

【子どもや保護者の願いを踏まえた指導目標の設定】

　学校を取り巻く状況も、社会の急激な変化やそれに伴う子どもの生活や意識、地域社会の実態、保護者の期待など様々な局面において変化しています。各学校においては、これらを十分に踏まえ、それぞれの学校としての教育理念や基本的姿勢を明確にすることが大切です。

学校がその目的を達成するためには、家庭や地域の人々と共に子どもを育てていくという視点に立ち、家庭、地域社会との連携を深め、学校内外を通じた子どもの生活の充実と活性化を図ることが大切です。また、学校、家庭、地域社会がそれぞれ本来の教育機能を発揮し、全体としてバランスのとれた教育が行われることが重要なのです。よって、各学校の教育方針や特色ある教育活動、子どもの状況などについて家庭や地域の人々に説明し理解や協力を求めたり、家庭や地域の人々の学校運営などに対する意見を的確に把握し、自校の教育活動に生かしたりすることが大切になってきます。その際、家庭や地域社会が担うべきものや担った方がよいものは家庭や地域社会が担うように促していくなど、相互の意思疎通を十分に図ることが必要になってきます。

【個のニーズに対応した柔軟な仕組み】
　個に応じた指導方法として、「個別指導の重視」と「授業形態や集団の構成の工夫」があり、ここでいう「授業形態の工夫」とは、例えば、ティーム・ティーチングによる個別指導、学級等の枠をはずしたグループ別指導による授業などを指しており、また、「集団の構成の工夫」とは、例えば、習熟度や障害の状態に応じたグループ編成などを指しています。
　個に応じた指導のための指導方法や指導体制については、子どもの実態、学校の実態などに応じて、学校が一体となって工夫改善を進めていくことが重要です。すなわち、各学校は、その環境や教職員の構成、施設・設備などがそれぞれ異なっているが、それらに応じて最も効果的な方法を工夫し、組織体としての総合的な力を発揮していくことが大切になってきます。

【ニーズの検討】
　子どもの将来の可能性を広い視野から見通した上で、現在の発達の段階において育成すべき具体的な指導の目標と指導内容を選定し、重点的に指導することが大切です。この場合、子どもの将来の可能性を限定的にとらえるのではなく、技術革新や社会の発展を考慮し、長期的な観点から考えることが重要です。また、個々の子どもの障害の状態等は変化し得るものであるので、特に長期の目標については、今後の見通しを予測しながら指導の目標を適切に変更し得るような弾力的な対応が必要です。
　評価に当たっては、児童生徒の実態に応じた多様な学習を促すことを通して、主体的な学習の仕方が身に付くよう配慮するとともに、児童生徒の学習意欲を喚起するようにすることが大切です。その際には、学習の成果だけでなく、学習の過程を一層重視する必要があります。特に、他者との比較ではなく子ども一人一人のもつよい点や可能性などの多様な側面、進歩の様子などを把握し、学期や学年にわたって児童生徒がどれだけ成長したかという視点を大切にすることが重要です。

【参考】特別支援学校小学部・中学部学習指導要領等※

・個に応じた児童方法の工夫改善（第1章第2節第4の2（1））
・教育課程編成の基本と評価（特別支援学校学習指導要領解説総則等編小学部・中学部126ページ）
・家庭や地域社会との連携並びに学校相互の連携や交流及び共同学習（第1章第2節第4の1（6））
・指導の目標の設定（第7章第3の2（2））
・指導の評価と改善（第1章第2節第4の2（12））

※【参考】は小学部・中学部の学習指導要領等から抜粋しています。

あとがき

　本書「ぱれっと（PALETTE）」を手にとっていただき、ありがとうございました。読者の皆さんには、登場する4人の子どもたち（ショウさん、エミリさん、メグさん、ケンタさん）のエピソードから、現在ご自身がかかわっている「ショウさん」や、過去に出会った「エミリさん」をはじめ、目の前の手厚い支援を必要としている子どもたちのことを考えながら、読んでいただけたことと思います。

　4人の子どもたちのモデルとなったのは、特別支援学校や特別支援学級で学んでいるたくさんの子どもたちです。そして、彼らの教育に携わる多くの先生方の力を集めて、この「ぱれっと（PALETTE）」が完成しました。作成の過程で、ショウさんのモデルのお一人、濱口壱生さんが急逝されました。お医者様のお話では「天寿を全うした」ということでした。お父様は「自慢の息子が頑張った証を残せたことがうれしい。」とおっしゃってくださり、壱生さんの作品やエピソードを本書に掲載することにご了解をいただきました。「ぱれっと（PALETTE）」には、作成チームの執筆者・協力者をはじめ、保護者の方、福祉関係の方、医療関係の方、他たくさんの方々の、子どもを見つめる温かい眼差しと、熱い思いがいっぱい詰まっています。改めまして、ご協力いただいた皆様に心からの感謝を申し上げます。また、ジアース教育新社の加藤様、彩流工房の橋本様には、長期間に渡って励ましとご協力を賜り本書の出版へと導いていただきました。どうもありがとうございました。

　このあとがきを書いている平成28年7月現在、文部科学省では次期の学習指導要領の検討が急ピッチで進められています。「新しい時代に必要となる資質・能力の育成」や「主体的・対話的で深い学び（アクティブ・ラーニング）の視点からの学習課程の改善」などが話題になっているところです。時代が求める生きる力とは何か、子どもが主体となる学びはどのような方法で行われるのか、といった問いは、いわゆる重い障害のある「手厚い支援を必要としている子ども」にも共通のものです。本書は、教育に携わる皆さんに対して、これらの問いについても考える材料を提供しうるもの、と自負しています。

　インクルーシブ教育システムの構築が進む中、個別の教育支援計画や個別の指導計画は、これまで以上に、支援や人をつなぐ重要な役割を担うことになるでしょう。ある生活介護施設の施設長さんから「この本があれば、学校とつながることができます。」とのうれしいお言葉をいただきました。本書が提案する「子どもが主体となる教育計画と実践」の考え方は、「子どもの現在と将来の自立と社会参加を支えたい」と願う教育関係者に、たくさんの気づきやヒントをもたらしてくれるはずです。「共生社会」とは、遠い未来に誰かが形成してくれる社会ではありません。私たちが、今、ここで、子どもたちと共に営んでいる毎日の教育活動とその延長線上に、「共生社会」ができるのだと思います。本書「ぱれっと（PALETTE）」がその教育活動の一助となることを切に願っています。

国立特別支援教育総合研究所「ぱれっと（PALETTE）」作成チーム
代表　齊藤由美子

「ぱれっと（PALETTE)」作成チーム

　本書は、国立特別支援教育総合研究所の平成 25 － 26 年度専門研究 B「重度・重複障害のある子どもの実態把握、教育目標・内容の設定、及び評価等に資する情報パッケージの開発研究」（研究代表者　齊藤由美子）の研究成果物である、資料「ぱれっと（PALETTE）」に、加筆・修正したものです。出版のために新たな執筆者にも加わっていただき、「ぱれっと（PALETTE）」作成チームとしました。

○国立特別支援教育総合研究所「ぱれっと（PALETTE)」作成チーム（執筆者・協力者）

齊藤　由美子	総括研究員	代表
小澤　至賢	主任研究員	副代表
大崎　博史	主任研究員	
星　祐子	総括研究員	（平成 28 年度）
藤本　裕人	上席総括研究員	（平成 28 年度）
長沼　俊夫	総括研究員	（平成 25 － 26 年度）
熊田　華恵	主任研究員	（平成 25 年度）

○執筆者

文部科学省初等中等教育局特別支援教育課　特別支援教育調査官	分藤　賢之
筑波大学附属久里浜特別支援学校　校長	下山　直人
北海道名寄市立名寄西小学校　教諭	遊佐　理
北海道手稲養護学校　教諭	古川　章子
北海道室蘭養護学校　教諭	小川　和弥
青森県立浪岡養護学校　教諭	下山　永子
福島県立いわき養護学校　教諭	齋藤　香純
長野県稲荷山養護学校　教諭	深澤　美香
神奈川県横浜市立若葉台特別支援学校　教諭	堀内　美紀
静岡県立中央特別支援学校　教諭	采女　靖彦

愛知県豊田市立豊田特別支援学校　部主事	八重澤直樹
京都府立宇治支援学校　教諭	荒川　喜博
奈良県立ろう学校　教諭	釼持　弥貴
香川県立丸亀養護学校　教諭	橘　　紀子

○協力者

社会福祉法人みなと舎　理事長	飯野　雄彦
社会福祉法人みなと舎ゆう　施設長	森下　浩明
社会福祉法人訪問の家朋診療所　非常勤医師	山田美智子
帝京大学　教授	石川　政孝
横浜市立盲特別支援学校　教諭	田畑　雅子

＊執筆者・協力者の所属等は平成 28 年 7 月現在です。

○平成 25 − 26 年度専門研究 B「重度・重複障害のある子どもの実態把握、
　教育目標・内容の設定、及び評価等に資する情報パッケージの開発研究」研究協力校
　北海道室蘭養護学校
　青森県立弘前第二養護学校
　福島県立平養護学校
　横浜市立盲特別支援学校
　横浜市立東俣野特別支援学校
　愛知県立岡崎特別支援学校
　京都府立宇治支援学校
　奈良県立ろう学校
　香川県立高松養護学校

＜裏表紙の絵について＞
　　静岡県立中央特別支援学校に在籍されていた濱口壱生さんが、幾何学模様が描けるアプリを使って iPad に手や指で触れながら描いた絵です（本書「Ⅲ- 3．自立活動との関連」参照）。濱口さんは平成 28 年 1 月に天寿を全うされました。こんなに素敵な絵で「ぱれっと（PALETTE）」を飾ってくださったことに、心より感謝申し上げます。

手厚い支援を必要としている
子どものための情報パッケージ

ぱれっと（PALETTE）
― 子どもが主体となる教育計画と実践をめざして ―

2016 年 9 月 16 日　初版第 1 刷発行
2017 年 2 月 7 日　初版第 2 刷発行
2019 年 9 月 26 日　初版第 3 刷発行
2022 年 3 月 6 日　初版第 4 刷発行

著　　作　独立行政法人 国立特別支援教育総合研究所
　　　　　「ぱれっと（PALETTE）」作成チーム
発 行 者　加藤　勝博
発 行 所　株式会社　ジアース教育新社
　　　　　〒 101-0054
　　　　　東京都千代田区神田錦町 1-23　宗保第 2 ビル
　　　　　TEL：03-5282-7183
　　　　　FAX：03-5282-7892
　　　　　E-mail：info@kyoikushinsha.co.jp
　　　　　URL：http//www.kyoikushinsha.co.jp/

表紙デザイン　株式会社 彩流工房　　　　Printed in Japan
印刷・製本　シナノ印刷 株式会社
○定価は表紙に表示してあります。
○落丁本・乱丁本はお取替えいたします。
ISBN978-4-86371-372-7